菩薩とはなにか

平岡聡
Satoshi HIRAOKA

春秋社

はじめに

「神さま、仏さま！」という表現がある。困ったときに助けを求め、祈るときに使われる言葉がこれだ。それでも事態が好転しない場合、その表現は「神も仏もありゃしない！」に変わる。

同列で用いられる「神」と「仏」は、人間を超越し、困った人々を助け、人間の幸不幸を左右する力を持つ存在、というような意味で日本人は理解しているが、その違いを明確に説明できる人は多くないだろう。また同じ神でも一神教の神と多神教の神では、同じ神観念でもその意味内容に大きな違いが存在するし、日本の神も、自然崇拝的な神がいる一方で、菅原道真のように人が神になる場合もある。

神自体の理解もさることながら、日本人は神と仏の違いに関する理解も曖昧だから、同じ仏教内の「仏」と「菩薩」の違いについては何をか言わんや。ネットを検索しても、「仏と菩薩の違いは何か／仏と菩薩はどちらが偉いのか」といった質問に答えるサイトはけっこうある。日本は仏教国ということになってはいるが、何とも寂しい現状だ。このような状況を招いた要因はどこにあるのか。神仏習合という文化的背景も無視できないが、日本の僧侶はこれまで日本人に仏教の教えを正しく伝えてきたのだろうか。むしろ、本質的な問いはここにあるのかもしれない。

また菩薩の観念自体、複雑な発展過程を経てきたために、一面的な説明ではその全容を把握しきれず、多面的な理解が必要なのも事実だ。菩薩は当初、覚りを開くまでのブッダに対する呼称であったが、それが大乗仏教の時代を迎えると、ブッダを模範にして自分も覚りを開くために誓願を立て、その誓願を実現するために修行をし、段階を踏んで仏になる道を進む人も菩薩と呼ばれることになる。これに加え、観音菩薩に代表されるように、窮地に陥った人々を救済（現世利益）する菩薩も登場するようになると、「救済」に関して「菩薩」は「仏」と何が違うのかが問題になる。「仏と菩薩の違いは何か／仏と菩薩はどちらが偉いのか」という疑問が出るのも、むべなるかな。

日本仏教の主流は大乗仏教であり、その大乗仏教の主要な要素は「菩薩思想」だが、これまで学問的な成果をふまえて菩薩思想を体系的に論述した一般書は、管見のおよぶかぎり存在しない。このような現状に鑑み、これまでの学術的知見に基づいて、できるだけ平易に「菩薩とは何か／誰か」を論じようと試みたのが本書である（まだ難解かもしれないが）。詳細に記述しようとすればきりはないが、適切な分量を意識し、内容を必要最低限度に押さえて、要点を外さず論述したつもりである。本書が、菩薩についての読者のモヤモヤ感を払拭させることができたなら、幸いである。

菩薩とはなにか　目次

略号表

AN: *Aṅguttara-nikāya*, 6 vols., PTS.

AṣP: *Aṣṭasāhasrikā Prajñāpāramitā* (Buddhist Sanskrit Series 4), ed. P. L. Vaidya, Darbhanga, 1960.

BBh: *Bodhisattva-bhūmi, A Statement of Whole Course of the Bodhisattva*, ed. Unrai Wogihara, Tokyo, 1971.

D.: *Derge* (Taipei Edition).

Divy.: *Divyāvadāna: A Collection of Early Buddhist Legends*, ed. E. B. Cowell and R. A. Neil, Cambridge.

DN: *Dīgha-nikāya*, 3 vols., PTS.

Ja.: *Jātaka*, 6 vols., PTS.

Jm: *Jātakamālā or Bodhisattvāvadānamālā by Āryaśūra*, ed. H. Kern, Boston, 1891.

MN: *Majjhima-nikāya*, 4 vols., PTS.

Mv.: *Mahāvastu*, ed. É. Senart, 3 vols., Paris, 1882–1897 (Reprint: Tokyo, 1977).

PTS: Pali Text Society.

Skt.: Sanskrit.

Sn: *Suttanipāta*, PTS.

SN: *Saṃyutta-nikāya*, 6 vols., PTS.

SP: *Saddharmapuṇḍarīkasūtra*, ed. H. Kern and B. Nanjio, St. Petersburg, 1908–1912 (Reprint: To-

kyo, 1977).
T.: *Taishō Shinshū Daizōkyō*, ed. J. Takakusu and K. Watanabe, et al. 55 vols., Tokyo, 1924-1929.
Th.: *Theragāthā*, PTS.
Vin.: *Vinayapiṭaka*, 5 vols., PTS.
VN: *Vimalakīrtinirdeśa*, ed. Study Group on Buddhist Sanskrit Literature (The Institute for Comprehensive Studies of Buddhism at Taisho University), Tokyo, 2004.

凡例

①歴史的 Buddha、すなわち釈迦牟尼（＝ガウタマ・シッダールタ／ゴータマ・シッダッタ）仏は「ブッダ」とカタカナ表記し、そのほかの Buddha は「仏」と漢字表記する。ただし、慣用表現は、「ブッダの滅後」ではなく「仏滅後」、「ブッダの弟子」ではなく「仏弟子」、「ブッダの伝記」ではなく「仏伝」と漢字で表記する。

②経典名を〈 〉でくくる場合は、その経典の異訳を含めた総称を意味する。つまり、〈無量寿経〉はインド原典・チベット訳（＝蔵訳）・漢訳などをすべて含んだ総称、また『無量寿経』は康僧鎧訳の漢訳経典を意味し、両者を区別する。

③インド語を併記する場合は、（サンスクリット／パーリ）の順とする。

④漢数字について、固有名詞化している数字は「第十八願」、単なる数字を表す場合は、「一八歳」などと表記することを基本とする。

⑤漢訳仏典や研究の引用では、漢字の旧字を新字に改めている。

菩薩とはなにか

序章　考察の前提

インド仏教史

本書を読み進める前提として、基本的なことを二つばかり確認しておく。一つはインド仏教史の時代区分の問題、もう一つは言語（古代インド語と漢訳）の問題である。まず時代区分の問題については、平岡［2015: 32-34］から紹介しよう。

歴史が生成されている途中、その歴史を生きている人々に「時代区分」という意識はおそらくない。後世の人間が過去を振り返って、時代の節目となるところに便宜上区切りを入れ、ある一まとまりの年代を「～時代」あるいは「～期」と呼びならわすだけのことである。よって、視点を変えれば、あるいは区切りを入れる場所が異なれば、それまでとは違った時代区分が浮かび上がってくるが、区切りの入れ方によって、過去の歴史そのものが変わるわけではない。評価や解釈が変わるだけのことである。

では、紀元前五世紀頃のブッダの覚りに端を発する時代から、一二〇三年にヴィクラマシラー寺院がイスラム軍の攻撃をうけてインドから仏教が消滅するまでのインド仏教の歴史をどう区分するか。これまでは、初期仏教（あるいは原始仏教）、部派《ぶは》仏教（アビダルマ仏教・小乗仏教）、そして大乗仏教という三区分が一般的に用いられてきた。しかし、この時代区分に用いられる呼称を吟味すれば、命名に関して統一がないことは明らかだ。初期仏教とは「初期」という時間を意識した呼称であり、それならこれ以降は「中期仏教」「後期仏教」となるはずだが、そうはなっていない。

つぎの部派仏教だが、これはその時代の仏教が、それまでの単一だった教団から複数の教団に分裂し、二十の部派（グループ）に分裂していた状況に焦点をあてた呼称となっている。そして三つ目の大乗仏教にいたっては、それまでの仏教を小乗仏教、すなわち小さな乗り物と蔑称し、自分たちの信奉するのは大きな乗り物であると称揚した名称であるから、大乗仏教側の価値観をたっぷり含んだ呼称になっている。

というわけで、従来の三区分である「初期仏教・部派仏教・大乗仏教」はすべて異なる視点からの命名であり、これを寄せ集めれば、その名称に統一性がないのは当然である。このような時代区分を批判したのが三枝［1990］であった。仏教を、西洋哲学・キリスト教・イスラム教・中国思想とともに、一個の普遍思想としてとらえようとした三枝は、仏教にも概括的な時代区分が必要だとし、西洋哲学史の古代・中世・近世と符合させるべく、インド仏教史を初期・中期・後期の三つに分割することを提案した。

彼は、初期仏教をブッダの時代から教団が分裂するまでの時期、中期仏教を教団が分裂して部派仏教が生まれてから（おおむねアショーカ王の即位頃と一致）初期大乗経典などが創作された四世紀初頭の時期、そして後期仏教をグプタ王朝が成立した紀元三二〇年から一二〇三年のヴィクラマシーラ寺院破壊までの時期と区分する。

初期仏教・部派仏教・大乗仏教という時代区分の問題は、部派仏教から大乗仏教への推移にある。というのも、教団が分裂した時点で初期仏教は終わるので、初期仏教から部派仏教の時代に入ったという理解は正しいが、部派仏教から大乗仏教へという場合、初期仏教から部派仏教への移行と同様に、部派仏教の時代が終わって大乗仏教の時代がはじまったという印象を与えてしまう。しかし実際は、大乗仏教の興起によって「部派仏教」の「部派」が消滅したわけではない。むしろさまざまな部派が林立し活発に活動する中で、その部派内の出家者たちがそれぞれ個別の大乗経典を創作したことがわかってきている。よって、海外の研究者は部派仏教を、Mainstream Buddhism（主流派の仏教）/Background Buddhism（背景となる仏教）等と呼ぶ。とくに後者は部派仏教が大乗仏教の母体となっている側面を強調し、実態に即した命名といえよう（Silk [1994: 13 ff.]）。

大乗仏教を問題にするなら、その対立項は小乗仏教とするのがふさわしいが、すでに指摘したように、これは価値観を含んだ名前なので、ここではこれを使わない。大乗仏教を新仏教、従来の仏教を旧仏教と対比させることも可能だが、新仏教という名前は一般的ではないので、これも採らない。大乗仏教という名前は今や市民権を獲得し、変更の余地はないのでこれはそのまま使うが、初期仏教を含め、Mainstream Buddhism/Background Buddhism という言葉で言及される部派仏教を、ここでは便宜上「伝統仏教」と総称する。伝統仏教を「地」とし、そこに「図」として浮かび上がってくる大乗仏教を図示化すると、次頁の図のようになる。

古代インド語と漢訳のスタイル

古代インドの言語は一般にサンスクリット（梵語）と呼ばれる。これは古代インドの標準語だ。しかし、標準語があれば方言もあり、古代インドにも数多くの方言が存在した。ブッダは標準語ではなく方言で説法したと言われているが、数ある方言の中でも「半マガダ語（Ardha-māgadhī）」で説法したと考えられている。

仏滅後、仏教は中央インドから西北インドに伝わる一方（そして中国・チベット・朝鮮・日本に伝播）、南インドを超えてセイロンからタイやビルマに伝わった。前者を北伝仏教、後者を南伝仏教と呼ぶ。最初期、経典は口伝（oral transmission）で伝承されたが、紀元前後、経典は書写されるようになる。北伝仏教では方言で伝承されていた仏典はサンスクリットで書写され伝承され、南伝仏教では方言の一種であるパーリで書写され伝承された。北伝の場合、その言語は「仏教混淆梵語（Buddhist Hybrid Sanskrit）」と呼ばれ、方言の要素が色濃く残るサ

ACE 1C　　　ACE 5C 前後
大乗仏教（経典創作活動 → 独自の教団形成）
↑—↑—↑—↑
伝統仏教（初期仏教 → 部派仏教・・・・・・・・・・・・・・・・・・・・・・・・→）
BCE 5C　　BCE 3C

ンスクリットである。

そのため、インドの仏典を解読するには、サンスクリットやパーリの習得が必修となる。両者の関係は標準語と方言の関係であるから、言語体系が異なるわけではなく、基本的な文法事項は共通し、発音に関してはパーリの方がややルーズになる。たとえば、ブッダの本名はサンスクリットでは「ガウタマ・シッダールタ（Gautama Siddhārtha）」だが、パーリでは「ゴータマ・シッダッタ（Gotama Siddhattha）」となる。

また日本仏教を考える場合に厄介なのは、インド仏典がインドから直接日本に入ってきたのではなく、中国的変容を被った後に日本に将来されたという点だ。つまり、漢訳された仏典が朝鮮半島を経由して日本に将来されたので、漢訳の仕方にも注意を払う必要がある。中国人はインド語を漢訳する際、大きく分けて二つの方法を採用した。「意訳」と「音訳」だ。インド語の〝意味〟を尊重して漢訳するのが意訳、インド語の〝音〟を尊重して漢訳するのが音訳である。意訳の場合、その漢字に意味はあるが、音訳の場合、インド語の音をそのまま漢字の音で置き換えるので、漢字には意味がない。

また同じインド語でも、意訳する場合もあれば、音訳する場合もある。たとえば、Buddha は音訳すれば「仏（陀）」だが、意訳すれば「覚者《かくしゃ》」となる。

また Arhat も音訳すれば「阿羅漢《あらかん》」だが、意訳すれば「応供《おうぐ》（供養するにふさわしい人）」となる。日本に伝わった真言や陀羅尼はインド語をそのまま漢字で音訳するので、普段は見慣れない漢字の羅列となり、見た目にも通常の漢文とは異なるし、また漢字だけを見ていても意味が取れないのは音訳のせいである。

最後に、日本の翻訳事情について付言しておく。インド原典は、中国に将来されれば中国語に、チベットに将来されればチベット語に、つまり自国語に翻訳された。しかし日本の知識人は古来より漢文の素養が高かったので、漢訳仏典を自国語に翻訳せずとも、その意味内容を理解できた。よって、漢訳仏典を日本語に翻訳しなかったが、これは日本の特殊事情である。現代では、出家者でさえ漢文の仏典を音読みするだけで、その意味を理解する者は少ないし、それを聞く側も現代語訳されたものよりは音読みの方をありがたく受け取る傾向にあり、一向に仏典の中身の理解には進んでいかない。

第一章　菩薩の起源

一　仏とは

普通名詞と固有名詞

まずは、ネットの疑問にもあった「仏」と「菩薩」の違いからはじめよう。両者は何が違うのか。どちらも信仰の対象になり、「仏像」の中に「菩薩像」も含まれる。この場合の「仏像」とは「仏の像」というより「仏教に関する像」の意で使われているので、菩薩像も仏像に含まれるが、両者の違いは何か。仏教は「仏の教え」であるから、「菩薩」の前に明らかにすべきは「仏」である。

これはインド語の「ブッダ（Buddha）」を音訳して「仏（陀）」としたもので、漢字に意味はない。ではBuddhaの意味は何か。これは√budh（目覚める）の過去受動分詞であるから「目覚めた」という形容詞であり、これが名詞化して「目覚めた人」を意味する。よって、音訳すれば「仏（陀）」だが、意訳すれば「覚者」となり、漢訳では両方が使われる。Buddhaとは「〔真理に〕目覚めた者」を意味する〝普通名詞〟であるが、ブッダ（＝釈尊《しゃくそん》）が最初に目覚めたので、彼のことを特別に「ブッダ（Buddha）」という場合があり、この場合の「ブッダ（Buddha）」は〝固有名詞化〟されている。英語ではa Buddha（普通名詞）、the Buddha（固有名詞）と区別する。

なお、このBuddhaという普通名詞の固有名詞化については注意が必要だ。というのも、一般に初期経典で説かれるBuddhaは仏教の開祖「ブッダ」を意味し、それは「固有名詞」として使われているが、インド仏教史の最初期からそう決まっていたわけではなかったし、またBuddhaという呼称は仏教の専売特許ではなく、もともとインドで広く使われていたからだ。

中村・三枝［1996: 28］は、古いウパニシャッドの中にBuddhaという呼称がみられるが、それは「真理に目覚めた人」というだけの意味であり、ジャイナ教の古い聖典では、宗教を問わず、聖人や賢者をBuddhaと呼び、ジャイナ教の聖者や祖師たちもBuddhaと呼ばれ、ブッダもそう呼ばれていたと指摘する。では、仏教内部の文献ではどうか。この問題を最初にとりあげた中村［1992b: 478-479］は、古層の経典『経集』にbuddhaの複数形の用例が存在すると指摘する。その用例はつぎのとおり。

比丘（出家者）は非時（正午過ぎ）に歩き回るなかれ。定められし時に村へ乞食に行くべし。非時に行かば、執着に縛られん。ゆえに、仏たちは非時には行かず（Sn 386）。

中村はこの複数形のBuddhaを、過去・現在・未来の三世の仏という意味での「諸仏」ではなく、非時に出歩くべきかどうかを問題にする「普通の人間としての賢者」を想定していたのであり、文脈からすれば「比丘《びく》（Bhikṣu）」（「食を乞う者」が原意）と同義の仏であると説明するが、この場合の複数形の仏が具体的に誰を指すのかについては明らかにしなかった。

これを受け、この問題を本格的に考察したのが並川［2005: 22-64］だ。初期経典には、さきに引用した『経集』以外にもBuddhaの複数形の用例が多数確認でき、古層の韻文経典から存在する「ブッダ（Buddha）」と同義語の「タターガタ（Tathāgata 如来）」や「スガタ（Sugata 善逝《ぜんぜい》）」も、ブッダに限定された呼称ではなく、初期の段階では覚りを完成させた修行者の一呼称として使用されていたと並川は指摘する。これを援護する用例として、並川は「ブッダセーッタ（Buddhaseṭṭha）」の用例をあげる。この複合語は「仏たちの中でもっとも優れた者」を意味するが、このような呼称でブッダを呼ばなければならなかったのは、仏と呼ばれていた者たちの中から彼だけを特殊化しなければならなかったからであり、これは当時「仏」と呼ばれていた仏弟子や修行者が複数存在していたことの証左になるという。

つづいて並川は、「ブッダ・アヌブッダ（Buddhānubuddha）」（ブッダに従って覚った人）

の用例を検討する。『長老偈』のカウンディンニャの詩頌につぎのような用例がみられる。

激しく精進せるカウンディンニャ長老は、ブッダに従いて覚りし人（仏）なり。生死を断じ、梵行を実践せし唯一の人なり（Th. 679）。

このほかにもヴァンギーサ長老の詩頌（Th. 1246）に同様の用法が確認されるが、注釈書はいずれもBuddhānubuddhaのBuddhaを「ブッダたち（Buddhā）」と理解し、過去仏を前提にしている。一方、『相応部』のBuddhānubuddhaに関して、注釈書は複合語の前分のBuddhaを「ブッダ」と理解するので、この場合は「ブッダに従って覚った人」と理解すべきであるという。

またAnubuddha単独の用法も初期経典中にみられるが、一つはBuddhānubuddhaの前分の省略形であり、Buddhānubuddhaの本来の意味を変えずに用いられた用語と解釈できる。もう一つはanu-という接頭辞を、これまでのように「従って」と主従関係を示すのではなく、「続いて」という「連続」を意味し、さらには「続いてここに新しく」といった意味を含むので、（Buddha-）anubuddhaは「〔覚った人々に〕続いて〔ここに新しく〕覚った人」と解釈できる。以上から、並川はBuddhaが弟子をも意味する呼称であるとし、宗教的境地に関して仏弟子はブッダと同じように表現されていたことを論証している（平岡［2015: 114–115］）。

しかし、教団の組織化やブッダの神格化にともない、本来は普通名詞であったBuddhaという呼称は「ブッダ」に限定され、固有名詞化して用いられるようになったので、初期経典でBuddhaといえば、仏教の開祖「ブッダ」を意味するようになる。

仏の形容句および仏の呼称

最初期の段階では、宗教的境地に関してブッダと仏弟子との間に差がなかったとすれば、両者はすべての点で同じだったかというと、そうではない。仏弟子および後代の仏教徒は、教祖ブッダと仏弟子とを同一視したわけではなかった。では、いかなる違いがあったのか。これについても、並川［2005: 37-64］が参考になる。

この問題を解くために、並川はパーリ経典のブッダと仏弟子の形容句に注目した。両者を形容する形容句を比較した。その結果、「妄執を離れた」や「解脱した」など、両者に共通して使われる形容句もあるのは当然だが、仏弟子には決して使われず、ブッダだけに使われる形容句を洗い出した。「太陽族の末裔（ādiccabandhu）」「比類なき者（appaṭipuggala）」「具眼者（cakkhumant）」「世界の守護者（lokanātha）」「師（satthar）」等であるが、これらはいずれも宗教的属性をとくに意識した形容句ではない。

一方、このような用例とは別に、並川は無視できない形容句を発見する。それは√tṝ（渡る）の使役形であり、「〔衆生を彼岸に〕渡す」という属性だ。これは仏弟子には決して用いられず、ブッダにかぎって用いられることから、これこそが仏弟子と一線を画するブッダの宗教的属性であると並川は指摘する。つまり衆生を此岸（迷いの岸）から彼岸（覚りの岸）に「渡す」という〝救済性〟こそ、ブッダをブッダたらしめる「ブッダに固有の属性」であるとした。

こうして教祖ブッダは神格化の道を辿ることになり、Buddha 以外にも多くの呼称が誕生した。後にこれは「如来十号」としてまとめられる（インド語はサンスクリットのみを表記）。

①如来（Tathāgata）：真如より来たれる者
②阿羅漢・応供（Arhat）：供養に値する者
③正遍知《しょうへんち》・正等覚者《しょうとうがくしゃ》（Samyaksaṃbuddha）：正しく完全に覚った者
④明行足《みょうぎょうそく》（Vidyācaraṇasaṃpanna）：智慧（明）と実践（行）とを具足した者
⑤善逝（Sugata）：善く〔真如の世界に〕逝ける者
⑥世間解《せけんげ》（Lokavid）：世間を完全に理解した者
⑦無上士《むじょうし》（Anuttara）：この上ない者
⑧調御丈夫《ちょうぎょじょうぶ》（Puruṣadamyasārathi）：衆生を調御して覚らしめる者
⑨天人師《てんにんし》（Śāstā devamanuṣyānām）：神々と人々の師
⑩仏（Buddha）：〔真理に〕目覚めた者
⑪世尊《せそん》（Bhagavat）：世にも尊い者

これでは全部で十一号となるので、最後の「仏」と「世尊」を合わせて一つ（仏世尊）にして十号としたり、「如来十号」であるから、如来を省いて十号とするなど、十の数え方については諸説あるが、ともかくこれが「仏」の具体的な意味内容である。

このように、ブッダのみが衆生を此岸から彼岸に渡す救済性を持ち、またBuddhaという呼称がブッダのみに限定される呼称として定着し、またその呼称も全部で十を超えるようになると、解脱した仏弟子の呼称も変化を被ることになった。こうして選ばれたのが「阿羅漢」である。「仏」も「阿羅漢」も本来は同義だが、後の仏弟子たちは解脱した者を「阿羅漢」と呼び、自分たちが目指す最高の境地と位置づけたのである。

二　菩薩とは

菩薩の語義

ではつぎに、菩薩の語義について説明する。菩薩とは「菩提薩埵《ぼだいさった》」の省略形であり、そのインド語は「ボーディサットヴァ／ボーディサッタ（Bodhisattva/Bodhisatta）」だ。これは「ボーディ（bodhi）」と「サットヴァ／サッタ（sattva/satta）」の合成語であり、「ボーディ（bodhi）」とはBuddhaと同じ動詞√budhから派生した名詞であるから「覚り／目覚め」を意味する。一方、sattva/sattaは「衆生《しゅじょう》」（旧訳）あるいは「有情《うじょう》」（新訳）と漢訳され、基本的に「生きとし生けるもの」を指す（この後みるように、この語にはさまざまな意味がある）。人間のみならず、神や動物もこの語に含まれる。

仏教では輪廻する領域を五趣あるいは六趣に設定する。地獄・餓鬼《がき》・畜生・阿修羅《あしゅら》・人・天（五趣の場合は「阿修羅」を省略）だが、その領域の生物はすべて sattva/satta と呼ばれる（植物は sattva/satta には含まれない）。この二語が合体すると、「覚りの生物」となるが、これでは具体性がない。従来より、さまざまな研究者がこの語の定義に取り組んできたが、まずは最も包括的にこの語を検討したハル・ダヤルの解釈を紹介しよう（Har Dayal［1932: 4-9］）。彼は sattva/satta の意味の取り方により、「菩薩」に七つの意味を認める（平川［1989: 283-285］）。

①本質：その本質として、覚り（＝完全な智慧）を持つ人
②衆生：覚りを有する衆生・覚りを求める衆生
③心：彼の心が覚りに結合されている人
④胎児：覚りが胎児のように蔵せられている人
⑤心：潜在的な覚りの人格化
⑥「サッタ（satta）」＝「サクタ（sakta）」：覚りに執着している人（パーリの satta はサンスクリットの sattva と sakta の両方を意味し、sakta は「執着した」という形容詞としても理解

できる）
⑦勢力：彼の勢力が覚りに向けられている人

このうち、ハル・ダヤルは②を正しい説と見なし、菩薩とは「覚りを持つ衆生／覚りを求める衆生」であると結論づけた。日本では山田［1959: 147］が「覚りを求める人」と解釈し（ハル・ダヤルの②に相当）、また干潟［1954: 64］は最も率直な意味として「智慧ある衆生／智慧を本質とする衆生／智慧を持てる衆生」の三つをあげ、本来的な意味としては「菩提（智慧）を求めて修行し、菩提を得ることの確定している衆生」とする（ハル・ダヤルの①と②に相当）。

インド語を習得する場合、複合語（compound）の解釈が重要になる。漢字を例にとれば、「山川」は「山と川」とも「山にある川」とも理解でき、複合語をどう理解するかで文の意味が変わるからだ。同様に、bodhi と sattva の複合語も理解の仕方でその意味内容が変わる。これに注目して菩薩の語義を考察したのが、石川［1952］だ。彼はその関係性によって三つの異なる解釈が可能だとする。詳細は省くが、その内容を簡略に示せば、つぎのとおり。

①覚りを求める衆生　↓　求道の菩薩（道を求めて修行に励む者）
②覚れる衆生　↓　悟道の菩薩（仏と同義）

③覚らせる衆生　→　誓願の菩薩（誓願を立てて衆生を救わんとする者）

本書の文脈で言えば、①は向上の菩薩（後述）、③は向下の菩薩（後述）ということになり（②は仏と同義なので省略）、今までの解釈と比較して、③が特徴的だが、解釈の多義性はともかく、「覚りを求める衆生」というのが、菩薩の解釈として最も一般的であることがわかる。つまり、覚りを開いて仏になる前の状態を示す呼称が菩薩なのである。その場合、「覚りの可能性を有していること」が菩薩の前提条件となる。その意味で、干潟の解釈「菩提を求めて修行し、菩提を得ることの確定している衆生」というのは、簡潔でわかりやすい。

菩薩の起源

では、この菩薩の起源はどこに求められるのか。菩薩という呼称の起源はまだ不明な点が多く、確定した説はないが、ここではその一つの解釈を紹介しよう。ブッダ自身が輪廻を認めたかどうかは不明である。並川［2005: 109–129］は初期経典を渉猟し、ブッダは輪廻を認めていなかった可能性が高いことを論証したが、少なくとも仏滅後、仏教は輪廻を前提とした教理の体系化に踏み出し、ブッダの覚りの神格化はブッダの過去世物語を産出した。つまり、ブッダの覚りは今生の六年間の修行だけで成就したのではなく、無数の過去世での修行があってはじめて可能になったと考えられるようになったのである。これが「ジャータカ」と呼ばれるブッダの本生（前世）物語だ。

こうして多くの本生話が作られ、人や動物に輪廻しながらブッダは布施を中心とするさまざまな行を実践してきたと説かれるようになるが、その一方で本生話創作の過程で修行の起点が問題になった。「そもそもこのような修行の出発点をどこに求めるべきか」と。これに答える形で考案されたのが、燃灯仏授記《ねんとうぶつじゅき》の話である。

パーリ伝承では、ブッダの本生スメーダが将来、成仏を決意して泥の上に自らの髪を布き、燃灯仏を渡そうとし、また成仏の誓願を立てたので、それを見た燃灯仏はスメーダの成仏を予言したという。ブッダはこれを起点にして善行や修行を積み、覚りを求めるようになるが、この燃灯仏授記に「菩薩」の起源を求めるのが平川［1989: 262-274］である。

燃灯仏授記以降、ブッダはまだ覚りを開いてはいないが、燃灯仏に授記された時点で将来の覚りは確定しているから単なる衆生でもない。こうして彼は燃灯仏授記以降「菩提を求める衆生」となり、「菩提を得ることが確定している衆生」となった。こうしてブッダは「菩薩」と呼ばれることになったと平川は推定する。だが、勝本［2011］はパーリ資料に基づき、この平川説を批判する。紙幅の都合上、その要点のみを紹介しよう。

菩薩の起源を「覚りを求める修行者」とすることには賛同できない。なぜなら、「智慧を持ち、人々を導き利益する者」を菩薩と呼ぶ例が、成立の古いパーリ聖典に存在するからだ。菩薩を修行者と考えるのは、ブッダの本生を説くジャータカ物語であるが、そう想定したのは成立の遅いジャータカの注釈書である。また菩薩の起源を燃灯仏授記物語に求める説もあるが、この物語の成立は遅い。過去仏の仏伝の中で、菩薩の誕生には不思議なこと（未曾有法）が起こり、それを諸菩薩の常法とするので、もともと菩薩は智慧のある特別な存在であり、並の人間ではなく、生まれる前から覚りを持つ存在であった（取意）。

これはハル・ダヤルの①、石川の②に基づく解釈である。これはパーリ資料に基づく南伝仏教の考察ではあるが、従来とは違った仮説を導き出した点で興味深い。今後は、北伝資料も視野に入れた総合的な考察を期待したい。

ともかく、菩薩の起源について説得力ある仮説はまだないが、本書では干潟の説に基づき、菩薩を「菩提を求めて修行し、菩提を得ることの確定している衆生」と理解し、またその起源についても、ひとまず燃灯仏授記を起点として論を進めることにする。伝統仏教における菩薩は、ブッダの未正覚時の名前として用いられるのが一般的であるから、基本的には固有名詞であり、過去仏の未正覚時を除けば、菩薩はブッダ一人しか存在しないし、それ以外の菩薩を認めることはない。

伝統仏教の菩薩から大乗仏教の菩薩へ

旧来の伝統仏教と比較して、大乗仏教の特徴は数多くあるが、その大きな特徴の一つは「成仏」にある。伝統仏教で仏教徒がめざすべきは「阿羅漢に成ること」にあるが、大乗仏教ではブッダと同じく「仏に成ること」、すなわち「成仏」にある。こうして「仏」は、固有名詞から普通名詞に内容を変える。そして、これに呼応して、成仏をめざす者はブッダと同様に菩薩になることが求められるので、「菩薩」も固有名詞から普通名詞となり、ここに「誰でもの菩薩」が誕生する。

当初、固有名詞として出発した菩薩は、仏教の教祖ブッダの本生ゆえに、唯一無二の「崇高な菩薩」だったが、静谷［1974: 238-246］の言うように、大乗の菩薩は「誰でもの菩薩」である。大乗仏教では、ブッダを模範に自ら覚りを目指して修行する人は誰でも「菩薩」と呼ばれる。下田［2004］は「仏教徒にとってブッダの生涯は客観的な歴史記録という次元に閉ざされたものではなく、何よりも仏教徒の目指すべき理想を、生涯のかたちで描いたものでなければならない」と指摘し、燃灯仏授記にはじまる「偉大な菩薩」は崇拝の対象になりえたと同時に、自らを反映させるべき鏡ともなりえたと言う。

ともかく、伝統仏教の菩薩から大乗仏教の菩薩への移行は、菩薩という呼称が固有名詞から普通名詞へ移行することを物語る。こうして菩薩は多義にわたるため、まずはこの事情を押さえる必要があろう。そして普通名詞化した菩薩は、つぎの段階として再び固有名詞化されることになる。それが「観音菩薩」をはじめ、信仰の対象ともなる固有名詞を持つ菩薩だが（後述）、ここでは固有名詞（偉大な菩薩＝ブッダ）から普通名詞（誰でもの菩薩＝我々）の推移を確認することに留めておく。

また大乗の菩薩で重要なのは、「菩薩」に「偉大な衆生」を意味する「大士《だいし》／摩訶薩《まかさつ》（Mahā-sattva）」という呼称が付せられることだ。これは何を意味するのか。梶山［2012: 99-105］は梵本〈八千頌般若経《はっせんじゅはんにゃきょう》〉やハリバドラの注釈書に基づき、「大士」の解釈を試みる。ハリバドラの主張は、つぎのとおり。

「菩薩」は自利の完成である「覚りに志向する者」だが、それだけでは声聞《しょうもん》（伝統仏教の修行者）も「菩薩」となってしまうので、「大士」という。大士とは「偉大な利他の完成に対する志向を持つ者」だが、そのような偉大なる利他への志向は外教の賢者にもありうるから、菩薩という仏教の修行者をあらわす語とともに用いる。要するに、自利としての覚りに志向する小乗仏教の声聞、および仏教以外の利他の賢者との両者から区別するために、自己の覚りと偉大な利他の完成とに志向する大乗の菩薩のことを「菩薩大士」と呼ぶのである。

このように、菩薩大士とは「自利」と「利他」とを志向する者を指すことがわかる。固有名詞としての菩薩も過去世で布施行を行い、利他に専心してきたのはたしかだが、その点をさらに鮮明にするため、つまり伝統仏教の菩薩と明確に差異化するため、大乗教徒は伝統仏教の「菩薩」に「大士」を付加し、伝統仏教では等閑視されてきた「利他」の側面を強調したのである。

仏像と菩薩像

では本章を閉じるにあたり、仏像と菩薩像についても言及しておこう。仏滅後しばらくは、ブッダを形象で表現することはタブーであった。いわゆる「偶像の禁止」である。では日本で最初に本格的な仏像の研究を行った高田［1967: 26-63］によりながら、古代インドにおける仏教美術の歴史をひもといてみよう。

ブッダ在世当時、仏教と美術は無縁であった。しかし仏滅後、仏教徒による造形活動は次第に本格化していくが、その契機となったのが、ブッダの遺体を荼毘に付し、その遺骨を八分して仏塔が建立されたことだ。ブッダ亡き後、この仏塔は物理的（物質的）な意味でブッダとつながる唯一のよすがとなるから、崇拝の対象となった。そして、それゆえに仏塔は、彩色を施されたり、欄楯《らんじゅん》や塔門《とうもん》には彫刻が施されるなど、「荘厳」を生ずるに至る。つまり、仏教美術の始原は、このような荘厳という宗教的造型活動に求められるが、当初、この荘厳は人物などの登場しない純然たる装飾文様を主とし、仏教的な主題のものを扱うには至らなかった。

さてつぎの段階に入ると、装飾文様から一歩踏み出し、仏教徒にとって礼拝の対象となる仏教のシンボル（菩提樹や法輪《ほうりん》など）を表した図や、仏教説話を描いた図が創作されるようになる。後者は、ブッダの本生（ジャータカ）を描いた本生図とブッダの生涯を描いた仏伝図とに大別されるが、奇妙なことに、いずれの仏伝図をみても、主役ブッダの姿は見いだせない。仏伝図では、誕生から入滅に至るまでのブッダの人間的な姿、すなわち「最後生《さいごしょう》」と言われる今生のブッダの形像に関するかぎり、成道の以前以後にかかわらず、これを絶対的に回避したと考えられ、ブッダの最後身を形に表すことがタブーとなっていたし、また仏弟子もまったく姿を見せていない。その理由は何か。

もともとインド・アーリア人は古くは偶像崇拝を持たなかったことも影響しているが、ブッダの神格化に伴い、ブッダの人間性が希薄化したことに原因を求めることができよう。経典は「ブッダの相貌は具体的に表現できない」と説き、「最後身を捨てて涅槃に入ったブッダの姿形は、もはや何人もこれを見ることはできない」とも説いている。ブッダの最後身に加え、阿羅漢となった仏弟子も造型で表現することはできないという観念があったため、仏弟子も造型で表現されることはなかったと高田は結論づける。

では偶像崇拝を禁止していた仏教が、仏像の制作に舵を切ったのはなぜか。仏像の起源については、昔からガンダーラかマトゥラーかという議論があった。詳細は省略するが、古さに関しては、ガンダーラに軍配が上がりそうだ。しかし、ガンダーラの技術的（技巧的）な影響を受けてマトゥラーで仏像制作がはじまったというのではなく、マトゥラーではマトゥラー独自の仏像制作がはじまったと考えられている。両者の仏像の間に表現上の影響関係が認められないからだ。

ガンダーラでは、その西北インドという地域性から、ヘレニズム文化の影響によって仏像制作がはじまったようだ。仏像を見れば、ヘレニズム文化の影響は一目瞭然であり、神々の姿を像で表現することは普通であったヘレニズムの影響を受け、インドでもブッダの姿形を像で表現することがはじまった。ただしこれは仏教の内発的な動機に基づくものではなく、教団は当初、仏像制作に対して受動的であったが、制作された仏像が当地方の教団によって徐々に受容され歓迎されて、その盛況をみるに至ったと高田［1967: 415-424］は言う。では、マトゥラーにおける仏像制作の要因はどこに求められるかについて、高田［1967: 422］はこう指摘する。

すなわちその主意は、ガンダーラの仏伝図に仏陀が人間像として登場しはじめ、仏教徒によって歓迎されつつあったことを伝聞し、マトゥラーが直ちにこれに反応を示すに至ったとするにある。マトゥラーの造型美術と仏教界とは、古来の仏像不表現の制約に拘束され、あえて自らこれを打破することができなかったにしても、一たびガンダーラで仏像が出現したとなれば、直ちにこれに反応して仏像を作ることに踏み切り得たし、また踏み切るだけの用意があったと見られる。

ただし、マトゥラーの仏像制作には、ガンダーラにみられない特殊事情が存在する。菩薩像の制作だ。造型表現は明らかに仏像なのに、銘文は「菩薩像」と記す。その理由は何か。菩薩像の出現は、伝統的な仏像不表現（理念）と仏像の流行（現実）の妥協の産物ではなかったかと高田は指摘する。つまり、菩薩像という名目において、古来から伝統的に存在する仏像不表現という理念との妥協を図ったのではないかと高田は推論するのである。覚りを開いたブッダの相貌はあらゆる表現を超えているが、成道前の菩薩の相貌なら具体的な姿形で表現することは可能だと判断したのであろう。

菩提心の重視――自性清浄心

菩薩は最終的に成仏を目指して誓願を立て、その誓願を成就するために修行をする。よって菩薩には「願《がん》」と「行《ぎょう》」が必要になるので、これについては次章以降でとりあげるが、ここでは、平川［1989: 305–328］を参考に、その前提となる「菩提心《ぼだいしん》」についてまとめておく。「願」も「行」も「（発）菩提心」なしには意味をなさないからだ。

「成仏を目指す」という場合、その決意は清浄であるはずだが、それは迷いの世であるこの娑婆世界で、しかも煩悩にまみれた人が起こしている。とすれば、その清浄な決意はどこから発せられたものなのか。また、後の大乗仏教において成仏の可能性が断たれた一闡提《いっせんだい》（icchanti-ka）は別として、初期の段階では「誰もが成仏できる」と考えた根拠は何なのか。これについて、平川は「自性清浄心《じしょうしょうじょうしん》」に注目する。大乗の修行者は、大乗の教えを聞くことによって、自己の心の奥に自性清浄心（＝心性本浄）を発見し、それによって菩薩の自覚を持ち、菩提心を発しえたと考えるのである。

では菩提心と煩悩とは、どのような関係にあるのか。菩提心は純粋にして清浄なはずだが、現実にはそれが煩悩に汚されている。しかし完全に汚されれば菩提心とはいえないし、また菩提心を発すことさえできない。よって、菩提心が菩提心であるためには、汚されていないことが条件となる。そこで、大乗教徒はこの矛盾を「客塵煩悩《きゃくじんぼんのう》」という考え方で解決しようとした。つまり、〝主〟たる心は本来、清浄にして無垢だが、そこに外から来た〝客〟の煩悩がまとわりつき、清浄な心を汚していると考えたのだ。このような考え方は大乗仏教になって突然現れたのではなく、初期経典にその萌芽がみられる。たとえば『増支部』は、つぎのように説く。

比丘たちよ、この心は明浄だが、それは客塵随煩悩によって汚されている。無聞の凡夫はそれを如実に知らないので、無聞の凡夫は心を修していないと私は言う。この心は明浄だが、それは客塵随煩悩から解脱している。有聞の聖なる弟子はそれを如実に知っているので、有聞の聖なる弟子は心を修していると私は言う（AN i 10.11–18）。

この用例から、凡夫の心も聖者の心も、心自体は清浄だが、客たる煩悩によって汚されている点ではまったく同じであることがわかる。だが、それを如実に知って心を修するか修しないかで、煩悩に汚されたままか、煩悩から解脱するのかの違いが生ずることになる。よって「心《しん》性《しょう》本《ほん》浄《じょう》・客塵煩悩」は存在論的な心の迷悟の問題ではなく、認識論的な問題であると平川は指摘する。『増支部』の段階では「心」とだけあり、「心の性（prakṛti）」という表現はみられないが、伝統仏教の論書である『舎《しゃ》利《り》弗《ほつ》阿《あ》毘《び》曇《どん》論《ろん》』には、さきの『増支部』を引用して、こう説く。

> 心性は清浄なり。客塵の為に染めらる。凡夫は未だ聞かざるが故に、如実に知見すること能わず。亦た心を修すること無し。聖人は聞くが故に如実に知見し、亦た心を修する有り。心性は清浄なり。客塵の垢を離る。凡夫は未だ聞かざるが故に、如実に知見すること能わず。亦た心を修すること無し。聖人は聞くが故に、能く如実に知見す。亦た心を修する有り（T. 1548, xxviii 697b18–22）。

伝統仏教の時代には、部派によって心性本浄説に対するスタンスは一定ではなく、肯定的な部派もあれば否定的な部派もあったが、ともかく大乗仏教の基底をなす心性本浄説は大乗興起以前にたしかに存在した。また、この説は大乗仏教において、万人に成仏の可能性（仏性）を認める如来蔵《にょらいぞう》思想へと展開したり、即身成仏《そくしんじょうぶつ》を説く密教に発展することになる。

ともかく、大乗仏教において、成仏に向けての悠久なる道程も発菩提心が〝最初の一歩〟となるので、これがなければ菩薩の活動は何も始まらない。何事にも「動機づけ」は重要だが、発菩提心は成仏という目標への動機づけであり、これがあればこそ、途中で行を放棄することなく、目標も達成できるというものだ。したがって、発菩提心は大乗仏教において重要視され、多くの大乗経典でも言及されることになるのである。

第二章　菩薩の願

菩薩になるには「菩提心を発すこと」だけでは十分ではなく、また覚りという結果を出すには「願」と「行」とを兼備（願行具足《がんぎょうぐそく》）しなければならない。願とは誓願《せいがん》のことで、行動目標と換言できよう。一方、行とは修行のことで、その誓願を具体的に実行に移すことを意味する。こうして菩薩には願行具足することが求められるが、願と行に関しても本生の菩薩がそのモデルとなる。

スメーダ（ブッダの本生）は燃灯仏が泥濘に足を踏み入れるのを防ぐため、自分の髪を泥濘の上に広げると、成仏の誓願を立て、それ以降は長時にわたって布施等の菩薩行に専心した。したがって、大乗の菩薩も同様に願行具足が求められるのである。

一　菩薩に共通の誓願（総願）

誓願思想の変遷

大乗仏教で菩薩の誓願は重要だが、誓願自体は初期経典ですでに説かれており、菩薩とは無縁であるばかりか、在家者の死に際と関わる思想だった。このあと紹介するチッタ居士の用例のように、臨終に際し、「将来～になるように」と誓願し、世俗的な願いを申し述べることが、古代インドで行われていたようである。

「誓願」の原語は、「プラニダーナ／パニダーナ（praṇidhāna/paṇidhāna）」あるいは「プラニディ／パニディ（praṇidhi/paṇidhi）」だが、これは動詞 pra-ṇi √dhā（前に置く）に由来する名詞である。「前に置く」という動詞の原意から「誓願」という意味を導くのは困難そうだが、この語は「心」とともに用いられることが多く、「～の前に心を置く」つまり「～に心を掛ける」と理解すれば、「～を誓願する」という意味にもなる。ただし、仏教以外のインド資料では「誓願」の意味では用いられないので、これは仏教特有の用法といえよう。

古層の経典『経集』第二六〇偈にこの語がみられることから、これが誓願思想の起源のように考えられた。そこには atta-sammā-paṇidhi という表現がみられるが、これを従来の研究者はほぼ例外なく「自らは（atta）正しい（sammā）誓願（paṇidhi）を起こすこと」と解釈する。しかしこれは誤りであり、「自らを正しく方向づけること」と解釈すべきことを私はかつて論証した（平岡［1986］）。つまり、この paṇidhi は本来の「前に置く」に近い意味で用いられているが、その一方で pra-ṇi √dhā に関連する語が「誓願」の意味で使用されているのも事実である。まずは『相応部』の用例を紹介しよう。重病にかかったチッタ居士と神々とのやりとりの中に、その用例は見られる。

　神々は考えた。〈このチッタ居士は持戒者であり、善法者である。もしも彼が〈私は未来世に転輪王《てんりんおう》になりたい〉と誓願すれば（praṇidhahissati）、持戒者の心の向き（＝誓願：ceto-paṇidhi）は清浄だから、成就するだろう。正しき者は正しき果に従うだろう〉と。（中略）〔そして神々はチッタ居士に言った。〕「居士よ、〈私は未来世に転輪王になりたい〉と誓願せよ（praṇidhehi）」と（SN iv 303.17–25）。

また別の用例は、「そこ（六欲天《ろくよくてん》）に〔生まれようと〕心を掛けよ（＝誓願せよ：cittaṃ paṇidhehi）。あなたは楽しみを受けるだろう」とする。このように「〜に心を置く／向ける／掛ける」というところから「誓願」の意味が生まれ、やがてこれが定着すると、「心」という目的語なしでも「誓願」を意味するようになったと推察される。

ともかく、ここで重要なのは「持戒者・善法者」の願いは叶うということだ。つまり、彼は誓願する前に、それを成就させるだけの善業を積んでいる。初期経典にはみられないが、少し時代が下った伝統仏教の資料では、この点が明確に文言化される。たとえば、インドの仏教説話文献『ディヴィヤ・アヴァダーナ』第一章の過去物語には、商売で成功した隊商主が入滅した仏の塔を修繕して誓願を立てる話がみられる。

浄信を生じた彼（隊商主）は〔商売で〕残してきた〔金〕と〔仏塔の修繕で〕余った〔金〕とをそこ（仏塔）に布施して盛大な供養をし、誓願を立てた（praṇidhānaṃ kṛtaṃ）。「私はこの善根によって（anena kuśalamūlena）、巨大な財産と広大な資産とを有する裕福な家に生まれますように（後略）」（Divy. 23.16–19）

傍線部分に注目すると、誓願を成就する要因となっているのは、誓願を立てる前に積んだ善根であることがわかる。「善因楽果《ぜんいんらっか》・悪因苦果《あくいんくか》」という業の因果律により、何らかの善業を積めば、何らかの楽果は自ずともたらされるが、何もしなければ、どのような楽果を享受できるかは結果が熟するまでわからない。つまり、「誓願」という行為はその楽果を特定できる働きを持っているのである。とすると、伝統仏教の誓願思想は「善業→誓願」と定型化できよう。

これと比較したとき、大乗仏教の誓願思想はずいぶん異なる。大乗仏教の誓願は、まず誓願を立て、つぎにその誓願を実現するために行（caryā）を積まなければならないからだ。とすれば、大乗仏教の誓願思想は「誓願↓行」と定型化できよう。両者は「人間の行為（業と行）と深く関わる」という点で共通するが、その構造はまったく異なり、伝統仏教の誓願思想が発展して、その延長線上に大乗仏教の誓願思想が誕生したのではなく、両者は思想基盤をまったく異にして誕生したことになる。結論を先に言えば、大乗仏教の誓願は pra-ṇi √dhā という原語とはまったく関係なく誕生し展開していったが、歴史の過程で何らかの理由により（その理由は不明）、大乗仏教の誓願が pra-ṇi √dhā という言葉で表現されるようになったと推定されるのである。

私は便宜上、「善業↓誓願」を誓願説Ⅰ、「誓願↓行」を誓願説Ⅱと分類して整理したが（平岡［2002: 277–304］）、誓願説Ⅱは必ずしも pra-ṇi √dhā に類する語が使われていないことも両者の成立基盤が異なる証左となる。たとえば『ディヴィヤ・アヴァダーナ』第八章では、ブッダの本生である隊商主が「私は一切衆生を財によって満足させよう」という誓い（pratijñā）を立てる話がみられるが、pra-ṇi √dhā に類する語は用いられていない。これは後にみる燃灯仏授記の誓願説でも同じである。

それはともかく、後代、何らかの理由で誓願説Ⅱの場合にも pra-ṇi √dhā に類する語が使われはじめ、表現上は誓願説Ⅰも誓願説Ⅱも pra-ṇi √dhā で統一されるようになったと考えられるのである。

四弘誓願

誓願も大きく分けて「総願《そうがん》」と「別願《べつがん》」の区別があるが、このような区別がインドの大乗仏教の時代からあったわけではなく、後代における仏教思想の体系化にともなって登場した。総願とは「どの菩薩も共通して立てる誓願」、別願とは「それぞれの菩薩が自分の個性にあわせて立てる特別な願」のことである。このうち、前者は後に「四弘誓願《しぐぜいがん》」としてまとめられていくが、まずは日本の仏教で超宗派的に受け入れられている四弘誓願の内容から確認してみよう。

衆生《しゅじょう》無辺《むへん》誓願《せいがん》度《ど》：衆生は無辺なれど、誓って度（＝渡）せんことを願う
煩悩《ぼんのう》無数《む しゅ》誓願《せいがん》断《だん》：煩悩は無数なれど、誓って断ぜんことを願う
法門《ほうもん》無尽《む じん》誓願《せいがん》知《ち》：法門は無尽なれど、誓って知らんことを願う
仏道《ぶつどう》無上《む じょう》誓願《せいがん》成《じょう》：仏道は無上なれど、誓って成ぜんことを願う

この四弘誓願とは、菩薩の根本的な誓いを四つにまとめた、もっとも代表的なものである。第一願は大乗仏教の看板ともいうべき「利他」の理念が掲げられ、第二願から第四願においては、その理念である利他を成就するための自利に関する決意が述べられている。簡潔にして要を得た表現であるため、日本でも超宗派的に受け入れられている。

これとは別の表現（小さな異同）もあるが、意味内容は同じだ。源信は『往生要集《おうじょうようしゅう》』で「四弘終わって後に「自他法界同利益《じたほうかいどうりやく》　共生極楽成仏道《ぐしょうごくらくじょうぶつどう》」と云うべし」と述べ、これに基づき、浄土宗では「衆生無辺誓願度　煩悩無辺誓願断　法門無尽誓願知　無上菩提誓願証　自他法界同利益　共生極楽成仏道」を「総願偈」と称する。日本の仏教徒には馴染みのある表現だが、この起源はどこに求められるかというと、中国の天台大師・智顗《ちぎ》（五三八～五九七）が著した『釈禅波羅蜜次第法門《しゃくぜんはらみつしだいほうもん》』が初出と考えられている。

> 四弘誓願とは。一には未だ度せざる者をして度せしむ。亦た「衆生無辺誓願度」と云う。二には未だ解せざる者をして解せしむ。亦た「煩悩無数誓願断」と云う。三には未だ安んぜざる者をして安んぜしむ。亦た「法門無尽誓願知」と云う。四には未だ涅槃を得ざる者をして涅槃を得せしむ。亦た「無上仏道誓願成」と云う。此の四法は即ち四諦に対す。瓔珞経に云うが故に。未だ苦諦を度せざるに、苦諦を度せしむ。未だ集諦を解せざるに、集諦を解せしむ。未だ道諦に安んぜざるに、道諦に安んぜしむ。未だ滅諦を証せざるに、滅諦を証せしむ（T. 1916, xlvi 476b14–20）。

このように、智顗は『瓔珞経《ようらくきょう》』に基づき、四諦と関連付けて四弘誓願を理解するが、『瓔珞経』は中国撰述の経典なので、その起源をインドに求めることはできない。一方、智顗に先立ち、法雲《ほううん》（四六七～五二九）は、この四弘誓願の源流をインド撰述の『法華経』「薬草喩品《やくそうゆほん》」に求めた。

四弘誓願の源流

では、インドに四弘誓願の源流を探ってみよう。まずは法雲が指摘した『法華経』「薬草喩品」の記述からだが、ここではインド原典から当該箇所を紹介する。

汝ら人天たちよ、私は如来・阿羅漢・正等覚者である。私は〔自ら彼岸に〕渡りおわって〔他を彼岸に〕渡し、〔自ら〕解脱しおわって〔他を〕解脱せしめ、〔自ら〕安穏となって〔他を〕安穏ならしめ、〔自ら〕般涅槃しおわって〔他を〕般涅槃せしめるのである（SP 123.2–3）。

これにはバリエーションがあり、「まだ渡らざる者を渡し、解脱せざる者を解脱せしめ、安穏ならざる者を安穏ならしめ、般涅槃せざる者を般涅槃させる」という表現もあるが、これが誓願の形で説かれていないことには注意を要する。初期経典にも同様の表現はみられるが、そこではブッダの徳を讃歎すべく、つぎのように説かれる。

かの仏・世尊は〔自ら〕覚って、〔他を〕覚らしめんがために法を説く。かの世尊は〔自ら〕調御しおわって、〔他を〕調御せしめんがために法を説く。かの世尊は〔自ら〕安穏となって、〔他を〕安穏ならしめんがために法を説く。かの世尊は〔自ら彼岸に〕渡りおわって〔他を〕渡らせしめんがために法を説く。かの世尊は〔自ら〕般涅槃しおわって〔他を〕般涅槃せしめんがために法を説く（DN iii 54.27–55.2; MN i 235.30–35）。

前に引用したものと比べれば、「調御」に関する表現が追加されているが、これも「誓願」として説かれているわけではない。これが誓願として説かれるのは、大乗経典では〈八千頌般《はっせんじゅはん》若経《にゃきょう》〉が初出と考えられる。

衆生たちが輪廻に留まり、苦しんでいるのを見る〔菩薩〕たちは、無上正等菩提に対し、今まで以上に〔心を込めて〕誓願するだろう。それはなぜか。このような発心を具足した〔菩薩〕たちは、かの大慈〔の心〕を以て〔衆生を〕饒益・利益せんと願い、天・人・阿修羅を含む世間を憐愍して、〈どうすれば、我々は〔自ら彼岸に〕渡りおわって〔他を彼岸に〕渡し、〔自ら〕解脱しおわって〔他を〕解脱せしめ、〔自ら〕安穏となって〔他を〕安穏ならしめ、〔自ら〕般涅槃しおわって〔他を〕般涅槃せしめることができるであろうか〉という心を発して時を過ごすからだ（AṣP 215.17–21）。

〈八千頌般若経〉では「誓願（praṇidhi）」と断って説かれているが、これはほかの大乗経典にも散見する。さきほど、四弘誓願のもととなる表現は初期経典にあることを確認したが、それは誓願として説かれているわけではなかった。では大乗経典以外に、伝統仏教の資料中、四つの項目が「誓願」として説かれている用例はないのか。つぎにこの点を確認してみよう。

燃灯仏授記説話にみられる誓願

まず指摘できるのは、大衆部系の部派が伝える仏伝資料『マハーヴァストゥ』の用例だ。ここではブッダの修行の起点となった燃灯仏授記の物語がみられるが、そこにつぎのような記述がみられる。ここではブッダが仏弟子マウドガリヤーヤナに自分の本生を語るという形式をとる。

〔青年僧メーガ（ブッダの本生）〕は水器を一隅に置くと、〔自分の〕毛皮の衣を広げて、世尊ディーパンカラの足元に平伏し、〔自分の〕髪で〔世尊の〕足の裏を綺麗に拭くと、このような心を起こした（evaṃ cittam utpādeti）。〈ああ、私もまた未来世に、今の世尊ディーパンカラのように、如来・阿羅漢・正等覚者・明行足・善逝・世間解・無上士・調御丈夫・天人師になろう。（中略）今の世尊ディーパンカラのように、〔自ら〕渡って〔他を〕渡らしめ、〔自ら〕解脱して〔他を〕解脱せしめ、〔自ら〕安穏になって〔他を〕安穏ならしめよう。多くの人の利益のために、多くの人の安楽のために、世間を憐愍するために、大勢の人の利益のために、そして人天の利益と安楽とのために、私は〔仏に〕なろう〉

さてマハーマウドガリヤーヤナよ、世尊ディーパンカラは無上の仏智によって青年僧メーガが偉大な〔仏果を〕獲得することを知り、〔彼の〕善根の集積を知り、〔彼の〕心の向き（＝誓願：ceto-praṇidhi）を知って、完全無欠にして汚れがなく完璧な彼に無上正等菩提を授記したのである。

「青年僧よ、お前は、未来世に、無量無数劫の後、シャーキャ族の都城カピラヴァストゥで、シャーキャムニと呼ばれる如来・阿羅漢・正等覚者・明行足・善逝・世間解・無上士・調御丈夫・天人師になるだろう。（中略）今の私のように汝は〔自ら〕渡って〔他を〕渡らしめ、〔自ら〕解脱して〔他を〕解脱せしめ、〔自ら〕安穏になって〔他を〕安穏ならしめ、〔自ら〕般涅槃して〔他を〕般涅槃せしめるだろう。（後略）」（Mv. i 238.12-239.13）

傍線で示したように、メーガの誓願はただ単に「このような心を起こした」ことの内容として説かれ、pra-ṇi √dhā に類する語はみられない。本章の最初で説明したように、この用例も誓願説Ⅱの起源が本来は pra-ṇi √dhā ではなかったことを示す。そして、それをいい換える形で「〈心の向き↓〉誓願」という表現がみられる。

つぎにパーリ資料の燃灯仏授記説話もみておく。ブッダの本生物語を集成した『ジャータカ』の前段となる因縁話に注目してみよう。苦行者スメーダ（ブッダの本生）は燃灯仏の前で仏となることを決意して（abhinīhāraṃ katvā）うつ伏せになり、つぎのように誓願する。

私はこう考えた（evaṃ me āsi cetaso）。〈望むならば今、私は己が煩悩を焼き尽くすことができよう。〔だが〕私がここで誰にも知られぬ姿で真理を覚ったとして何になろう。私は一切知を獲得し、神々をも含めたこの世界の人々の中で仏となろう。私が力量を示し、ただ一人で〔彼岸に〕渡ったとして何になろう。私は一切知を獲得し、神々をも含めたこの世界の人々を渡そう（santāressaṃ）。私は力量を示し、この奉仕により、一切知を獲得して多くの人々を渡そう（tāremi）。輪廻の流れを断ち切り、三有を滅ぼし、教えの舟に乗って神々をも含めた〔この世界の人々〕を渡そう（santāressaṃ）〉（Ja. i 14.6–15）

ここでも「決意」あるいは「私はこう考えた」という表現はみられるが、pra-ṇi √dhā に類する語はみられない。この用例では、四弘誓願のもとになる「渡す／解脱する／安穏になる／般涅槃する」という四句はみられないが、「渡る（√tṝ）」の使役形「渡す」は三度も使われている。

初期経典では「〔衆生を彼岸に〕渡す」という救済性がブッダ固有の属性であることをすでに確認したが、それが四弘誓願では「誰でもの菩薩」の誓願として一般化する。大乗仏教では、固有名詞の「仏」が普通名詞化し、一般の人々に開かれた呼称となるし、「菩薩」も固有名詞から普通名詞化し、「誰でもの菩薩」が誕生したように、「渡す」という救済性もすべての菩薩に開かれた概念となり、ここに大乗仏教の一つの特徴が認められる。大乗仏教はある意味でブッダ回帰の現象と理解できるので、菩薩は「ブッダを模範に自ら覚りを目指して修行する人」とも定義できよう。

四弘誓願の問題点

では再び四弘誓願に戻り、その問題点を確認する。四弘誓願の初出とされる智顗の『釈禅波羅蜜次第法門』の「未だ度せざる者をして度せしむ／未だ解せざる者をして解せしむ／未だ安んぜざる者をして安んぜしむ／未だ涅槃を得ざる者をして涅槃を得せしむ」という四句はインドの仏典にその起源を求めることができたが、「亦た～と云う」で説かれる四弘誓願の本体「衆生無辺誓願度　煩悩無数誓願断　法門無尽誓願知　無上仏道誓願成」は依然として出典が明らかではない。はたして、これはインドに起源を求めることができるのか。

「未だ度せざる者をして度せしむ」と「衆生無辺誓願度」の関係はともかく、第二句以降の関係は釈然としない。なぜ「未だ解せざる者をして解せしむ」が「煩悩無数誓願断」、「未だ安んぜざる者をして安んぜしむ」が「法門無尽誓願知」、そして「未だ涅槃を得ざる者をして涅槃を得せしむ」が「無上仏道誓願成」といい換えられるのか。四弘誓願本体の表現は智顗の創作と考えるしかないように思われるが、はたしてどうか。干潟［1954: 134］は、唐の元和六年（八一一）に般若三蔵《はんにゃさんぞう》が日本の霊仙《りょうせん》等とともに訳した『大乗本生心地観経《だいじょうほんじょうしんじかんぎょう》』に、以下の表現があるという。

一切の菩薩は復た四願ありて、有情を成熟し、三宝を住持し、大劫を経ても終に退転せず。如何が四と為す。一には誓って一切の衆生を度す（誓度一切衆生）。二には誓って一切の煩悩を断ず（誓断一切煩悩）。三には誓って一切の法門を学す（誓学一切法門）。四には誓って一切の仏果を証す（誓証一切仏果）」（T. 159, iii 325b16–20）

この経は梵文からの翻訳であり、中国で勝手に挿入したとは考えられないから、インドにその起源が求められ、智顗の創作ではないと思われるが、確言できないと干潟は言う。『大乗本生心地観経』の漢訳年代が九世紀であり、またこれ以外に同等の表現がインド原典に確認できないことを考えると、智顗の創作という可能性も否定できない。ともかくここでは、四弘誓願の直接の出典は智顗の『釈禅波羅蜜次第法門』にあり、またその源流と思われる内容は、九世紀初頭に漢訳された『大乗本生心地観経』に求められるのが唯一の用例であるとだけ確認しておこう。

さきに引用した『大乗本生心地観経』の四句は「四願」とだけ表現され、「四弘誓（願）」という表現はなかった。インド仏典では『不退転法輪経』に「菩薩摩訶薩は四弘誓を以て一切の衆生を摂取し、一切の衆生を安立し、悉く仏乗に入れて、菩提の道に住せしむ」（T. 267, ix 235b4–6）とあるが、この「四弘誓」の具体的な中身には言及しない。また世親《せしん》の『仏性論《ぶっしょうろん》』も「初めて発心する時、四弘誓を結び、十の無尽の大願を起こし」（T. 1610, xxxi 811a19–20）とするが、ここでもその内容は不明である。つまり、インド仏典には「四弘誓（願）」という名称に言及し、なおかつその具体的内容を同時に説く用例は存在しないのである（干潟［1954: 131–132］）。

ともかく、日本仏教ではなじみの四弘誓願だが、その簡略な表現とは裏腹に、複雑な経緯をたどって成立したことが窺える。

十大願

総願の最後に、菩薩の一般願として『十地経《じゅうじきょう》』に説かれる十大願についても触れておく。本書の第四章で詳説するが、菩薩はいきなり仏になるのではなく、段階を踏んで仏になると考えられるようになり、十の段階（十地）が想定された。さまざまな経典でさまざまな十地が説かれているが、その一つが『十地経』であり、龍樹《りゅうじゅ》がこの経典の注釈『十住毘婆沙論《じゅうじゅうびばしゃろん》』を著していることから、二世紀中頃には成立していたと考えられる。この経は後に『華厳経《けごんきょう》』に包摂されるが、元来は独立した一つの経典だった。その十地のうち最初の「歓喜地《かんぎじ》」で、菩薩は十の誓願を起こすことになっている。

ここでは『十地経』の梵本からその内容を紹介する。本経は、成道二週間後、ブッダが他化自在天に出かけ、その宮殿に留まっていたとき、その衆会に同席していた金剛蔵《こんごうぞう》菩薩が諸仏の威神力を受け、菩薩の十地の一々を説明するという体裁をとる。十地にちなみ、経典ではさまざまな事柄が十項目で説明されるが、その中に十大願がみられる。菩薩はまず誓願を立て、その誓願を実現すべく修行するから、十大願が初地の「歓喜地」で説かれるのはごく自然であろう。個々の誓願は長いので、要点のみを紹介する。

①一切の諸仏を供養し、礼拝しよう
②一切の諸仏が説かれた法を伝承し、制定された戒律を守ろう
③諸仏がどこに出現しても、恭しくそこに進み行こう
④あらゆる菩薩行を実践しよう
⑤一切の衆生を菩薩道に導き、解脱させよう
⑥十方の諸世界を理解する知を体得し、観察しつつ思惟しよう
⑦さまざまな仏国土を一切の衆生の道心に応じて彼らに示現し、満足させよう

⑧諸菩薩と同一の道心を持つようにしよう
⑨さまざまな衆生に応じた恵みを与えよう
⑩あらゆる世界において無上なる正しい菩提を覚ろう

『華厳経』の「普賢行願品《ふげんぎょうがんぼん》」では、これがつぎのように説かれる。

①諸仏を礼敬す
②如来を称讃す
③広く供養を修す
④業障《ごっしょう》を懺悔す
⑤功徳に随喜す
⑥法輪を転ずるを請す
⑦仏が世に住するを請う
⑧常に仏の学に随う
⑨衆生に恒に順ず
⑩普く皆な廻向す

伝承の過程で、十大願の内容はずいぶん変化しているが、日本には漢訳された経典が中国から将来されているので、日本人はこの『華厳経』「普賢行願品」所説の十大願をもって普賢の願と理解している。

二　菩薩の個別な誓願（別願）

ではつぎに、別願、すなわち特殊な菩薩の特殊な誓願をみていこう。総願がすべての菩薩に共通する普遍的な誓願であったのに対し、別願は個々の菩薩の個性に応じて立てる特殊な誓願という位置づけになる。人間にはそれぞれ個性があり、社会で活躍する場面や仕事も異なるように、菩薩も自分の個性に応じ、四弘誓願を土台にしながら、特殊な誓願を立てることになるのである。ここでは、特徴的な菩薩の別願をいくつかピックアップして紹介する。

現在他方仏の出現

個別な菩薩の別願を紹介する前に、まずは大乗仏教の特徴でもある「現在他方仏」について説明しておこう。大乗仏教になると、「仏」が固有名詞から普通名詞に変換されたことで、複数の仏の存在を認めるようになる。また世界観の変遷も手伝って、複数の現在他方仏も説かれるようになった。これから説明する阿閦《あしゅく》仏・薬師《やくし》仏・阿弥陀《あみだ》仏はすべて、この世界とは別の世界に浄土を構える現在他方仏である。

伝統仏教以来「一世界一仏論《いちせかいいちぶつろん》」という原則があり、一つの世界には一人の仏しか存在しないとされた。仏の力は絶大であり、一人で世界のすべての衆生を教化する力を充分備えているので、二人は必要ないというのが論旨である。こうしてブッダ亡き後は、五六億七千万年さきに弥勒菩薩が仏になるまで、この娑婆世界は「無仏の世」とされた。仏滅後、ブッダとつながりのある物理的存在は「舎利（遺骨）」であり、舎利を納めた仏塔が仏滅後の信仰のよすがとなった一方で、仏塔崇拝では満足できない人々もいた。仏典には「無仏の世」を嘆く話も散見するからだ。彼らは、今存在し、今の自分を救ってくれる救済者（仏）を真摯に求めた。

一世界一仏論に抵触せずに、自分たちの救い主となる現在仏を求めた結果、世界観が再解釈された。世界をこの娑婆世界に限定しなければ、一世界一仏論に抵触せず複数の現在仏を認められるからだ。こうして大乗仏教の時代、世界は「三千大千世界」にまで拡大し、その世界の数だけ仏の存在を認められるようになる。こうして阿閦仏は東方世界に、阿弥陀仏は西方世界に浄土を構え、現在生きる我々と関係を持つ救済主となる。大乗仏教の現在仏もいきなり成仏するのではなく、菩薩時代に立てた願とそれを実行に移す行に基づき成仏したので、その経緯を説明する経典も創作された。

浄土とは

別願に関連し、浄土についても藤田［2007: 382-390］に基づき、まとめておく。別願には自分が構える浄土やそこに往生する衆生に関する願も多く説かれているからだ。一般に「浄土」といえば、「浄土宗／浄土真宗（以下、真宗）」や「浄土教」という用語から想起するように、阿弥陀仏の構える浄土を指す固有名詞と理解しがちだが、それは間違っている。阿弥陀仏が建立した浄土は「極楽」であり、「安楽／安養」とも訳されるが、その使用頻度は漢訳者や漢訳文献によって異なる。

つまり、数ある浄土のうち、阿弥陀仏が建立した浄土を極楽というから、「浄土」は普通名詞であり、「極楽」は固有名詞である。後に極楽と浄土は同義で用いられることもあるが、本来、両者は別物である。羅什の少し後、文人の謝霊運《しゃれいうん》が極楽を「浄土」と呼び、その後、この用法は曇鸞《どんらん》以降、次第に顕著になり、唐代になると、極楽を浄土で代表して「浄土教」という表現が生まれ、また「極楽浄土」という複合語も生まれた。

「浄土」は「浄らかな土／土を浄める」という二種の訓読が可能だが、後者は「仏国土を浄める」という浄仏国土《じょうぶっこくど》思想に由来し、大乗仏教に共通する観念だ。菩薩は、未来世で仏になるとき、自分の国土を清浄にする願を立て、その願を成就すべく修行した結果が「浄土」である。「土を浄める」とは自己の国土を清浄化することを意味し、それは、その国土を形成している衆生を清浄な道（解脱・涅槃）に入らしめ、仏道を完成させることを意味する。これは大乗菩薩の自利利他の誓願と実践を達成することであり、それによって実現した世界が「浄らかな土（浄土）」にほかならない。つまり、浄仏国土思想とは、大乗仏教の菩薩思想を表す代表的な思想形態であると藤田は言う。

なお、この浄土は『維摩経《ゆいまきょう》』で「若し菩薩、浄土を得んと欲せば、当に其の心を浄むべし。

其の心浄きに随って、則ち浄土も浄し」とあるように、浄土を心の問題として無形的（唯心論的）に表す見方もある。

浄仏国土の教説は具象化された有形的な浄土を想定する思想だが、それは大乗仏教では現在他方仏の思想に立ち、その出現の根拠を他方の仏国土という空間的次元に求める以上、当然であると藤田は指摘する。ではこれをふまえ、代表的な別願、すなわち阿弥陀仏・阿閦仏・薬師仏という三仏の別願をみていく。

阿弥陀仏の誓願を説く経典

まずは、阿弥陀仏の誓願を紹介する。阿弥陀仏はさまざまな経典で説かれているが、主な経典は浄土三部経と呼ばれる経典群であり、『無量寿経《むりょうじゅきょう》』『観無量寿経《かんむりょうじゅきょう》』『阿弥陀経《あみだきょう》』を指すが、このうち阿弥陀仏の誓願を説くのは『無量寿経』である。

遠い昔、燃灯仏を遡ること、さらに五三番目の過去仏として世自在王仏《せじざいおうぶつ》が出現した。世自在王仏が説法していたとき、法蔵《ほうぞう》という菩薩が菩提心を発し、自分が建立すべき浄土の参考にするため、ほかの仏国土の荘厳の様子を説明してほしいと世自在王仏に懇願する。すると世自在王仏はそれらを実際に法蔵菩薩に見せた。それを見た法蔵菩薩は、五劫という長大な時間をかけて思惟し、その中から自分の建立すべき浄土の荘厳を取捨選択して四八に絞り込み、世自在王仏に対して誓願を立てた。

法蔵菩薩が立てた誓願の数は四八とされるが、最初からその数が確定していたわけではない。大乗経典は時代が下るにしたがって何度も書き改められ、そのたびに漢訳されていくので、同じ系統の経典でも異なった漢訳が多く存在することもある。〈無量寿経〉は古来より「五存七欠」と言われ、中国の経録を確認すると、全部で一二回漢訳された。そのうち七訳は失われ、五訳が現存するが、年代順に示せば、以下のとおりである（漢訳者および漢訳年代は香川［1984: 7–33］を参照）。

①『阿弥陀三耶三仏薩楼仏檀過度人道経《あみださんやさんぶつさるぶつだんかどにんどうきょう》』（支婁迦讖《しるかせん》訳：一七八～一八九年）
②『無量清浄平等覚経《むりょうしょうじょうびょうどうかくきょう》』（竺法護《じくほうご》訳：三〇八年）
③『無量寿経』（仏陀跋陀羅《ぶっだばだら》・宝雲《ほううん》共訳：四二一年）
④『大宝積経《だいほうしゃくきょう》・無量寿如来会《むりょうじゅにょらいえ》』（菩提流志《ぼだいるし》訳：七〇六～七一三年）
⑤『大乗無量寿荘厳経《だいじょうむりょうじゅしょうごんぎょう》』（法賢《ほっけん》訳：九九一年）

このうち「古訳」と呼ばれる①②は、誓願の数を二四とする。そして③④になって数は倍の四八となり、⑤では三六に減少する。さらに、インド原典では四七、蔵訳では四九となり、資料によって誓願の数に異同がみられるが、ここでは『無量寿経』の四八願に基づいて説明する。各願の内容はそれぞれ異なるのは当然だが、その表現形態は基本的に同じだ。インド原典では小さな異同はあるが、『無量寿経』では「設我得仏～不取正覚（設し我れ仏を得たらんに、～〔せずんば〕正覚を取らじ）」とあり、「もしも私が仏になったとき、～でなかったら、私は正覚をとらないだろう」の部分は同じである。「これらの願が実現しなかったなら、仏にはならない」と誓っているので、「仏になった」ことは、それらの願が「成就した」ことを意味する。これを「本願」という。

本願は日本の浄土教で特別な意味を持つので、簡単に解説しておく。「本願」の原語は「プールヴァ・プラニダーナ（pūrva-praṇidhāna）」で、pūrva は「昔の／過去世の」を意味し、それが「本」と漢訳された。つまり「本願」とは「過去世の誓願」を意味する。法蔵菩薩の〝誓願〟が阿弥陀仏の〝本願〟になったことは、その誓願が〝成就〟したことを意味するので、第十八願にかぎっていえば、「十念で極楽に往生することが確定した」ことになる。よって本願は単に「過去世での誓願」に留まらず、「阿弥陀仏の慈悲」をも象徴することになる。

阿弥陀仏の誓願――三つの分類

ここでは四八のすべてを紹介することは紙幅の都合で割愛し、三つの範疇に分けられた誓願のうち、主要なもののみを紹介する。三つの分類とは以下のとおり（藤田［2007: 319-320］）。

①仏に関する願（第十二、十三、十七願）：三願

②国土に関する願（第三十一、三十二願）：二願
③衆生に関する願：四三願
ⓐ往生した者に関する願（第一～十一、十四～十六、二十一～三十、三十八～四十、四十六願）：二十八願
ⓑ往生しようとする者に関する願（第十八、十九、二十願）三願
ⓒ他方国土の者に関する願（第三十三～三十七、四十一～四十五、四十七、四十八願）：十二願

こうして整理すると、衆生に関する願、とりわけ往生した者に関する願が最も多いことがわかる。当然といえば当然だが、「自分の仏国土（極楽）に往生した者は、こうなる」という願が半分以上を占める。では、それぞれの内容を紹介しよう。

①仏に関する願

これは阿弥陀仏自身に関する誓願であり、成仏した結果、「自分がどのようになっていたいか」を誓うものである。

第十二願：設し我れ仏を得んとき、光明、よく限量ありて、下は百千億那由多の諸仏の国を照

さざるに至らば、正覚を取らじ

第十三願：設し我れ仏を得んとき、寿命、よく限量ありて、下は百千億那由多に至らば、正覚を取らじ

第十七願：設し我れ仏を得んとき、十方世界の無量の諸仏、悉く咨嗟して我が名を称えずんば、正覚を取らじ

ここでは自分の光明と寿命が無量となり、また一切の諸仏が自分の名前を賞賛するようにしたいという願である。これが成就して阿弥陀仏は「無量光仏《むりょうこうぶつ》／無量寿仏《むりょうじゅぶつ》」とも呼ばれる。また第十七願は、真宗学で聞名の根拠となる。諸仏が阿弥陀仏の名を称えるので、衆生はその名を聞くことができるのであり、これがなければ、名前を称えるきっかけがないと考える。

②国土に関する願

これは阿弥陀仏が建立する浄土に関する誓願であり、成仏した結果、「自分の仏国土がどのようにあるべきか」を誓うものである。

第三十一願：設し我れ仏を得んとき、国土は清浄にして、皆な悉く十方一切の無量無数不可思議の諸仏の世界を照見すること、猶お明鏡に其の面像を観るが如くせん。若し

爾らずんば、正覚を取らじ

第三十二願：設し我れ仏を得んとき、地より已上、虚空に至るまで、宮殿・楼観・池流華樹〔等〕国中の所有の一切の万物、皆な無量の雑宝と百千種の香を以て共に合成し、厳飾の奇妙なること諸の人天を超え、其の香は普く十方に薫じ、菩薩の〔これを〕聞く者、皆な仏行を修せん。是の如くならずんば、正覚を取らじ

③衆生に関する願—ⓐ往生した者に関する願

これは、自分が成仏して極楽という仏国土が建立されたとき、そこに往生する衆生の理想の姿に言及するもので、その内容を要約して示すと以下のとおり。なお、（ ）内の数字は四十八願中の第何願かを示す。

浄土には三悪趣（地獄・餓鬼・畜生）がない（一）、三悪趣に戻らない（二）、体が真金色になる（三）、形色が同じで好醜がない（四）、五神通《ごじんつう》（宿命《しゅくみょう》・天眼《てんげん》・天耳《てんに》・他心《たしん》・神足《じんそく》）を有する（五〜九）、妄想を起こして身を貪計しない（一〇）、正定聚《しょうじょうじゅ》に住して必ず滅度に至る（一一）、声聞の数が計り知れない（一四）、寿命の際限がない（一五）、不善の者がおらず、不善という言葉さえない（一六）、三十二相を成満する（二一）、一生補処《いっしょうふしょ》となる（二二）、諸仏を供養し、一食の間に無量諸仏の国に至る（二三）、思ったとおり

の供養の具を得る（二四）、一切知について演説できる（二五）、金剛のごとき体を得る（二六）、彼らの用いる物はすべて厳浄である（二七）、道場にある樹木の素晴らしさを観る（二八）、弁才の智慧を得る（二九）、智慧の弁才は無限である（三〇）、衣服は自然に身に備わる（三八）、煩悩が尽きた比丘のごとき楽を得る（三九）、意のままにほかの仏国土を見る（四〇）、意のままに法を聞く（四六）

③衆生に関する願―ⓑ往生しようとする者に関する願

これには三つあるが、第十八願は念仏往生の根拠になる願であるからいうまでもなく、第十八願から第二十願までは親鸞《しんらん》の三願転入《さんがんてんにゅう》でも重要な意味を持つ誓願である。

第十八願：設し我れ仏を得たらんに、十方の衆生、至心に信楽して我が国に生ぜんと欲して、乃至十念せん。若し生ぜずんば、正覚を取らじ。唯だ五逆と正法を誹謗するを除く

第十九願：設し我れ仏を得たらんに、十方の衆生、菩提心を発し、諸の功徳を修め、至心に願を発して、我が国に生ぜんと欲せば、寿の終わる時に臨んで、仮令い大衆とともに囲繞して、其の人の前に現ぜずんば、正覚を取らじ

第二十願：設し我れ仏を得たらんに、十方の衆生、我が名号を聞きて、念を我が国に係け、諸

の徳本を植え、至心に廻向して我が国に生ぜんと欲するに、果遂せずんば、正覚を取らじ

第十八願の「乃至十念」が念仏往生の根拠となるが、この「念」はインド原典では「念仏（buddhānusmṛti）」ではなく、「十回〔極楽に往生したいという〕心を起こすこと（cittotpāda）」とある。この箇所が漢訳で「十念」と漢訳されたことで「十回の念仏」を意味するようになり、また中国の善導がこの「念」を「声（称）」と解釈したことで、これは「十回、南無阿弥陀仏と声に出して称えること」を意味するように変化した。仏教の歴史は、このような聖典解釈の歴史なのである（平岡［2018a; 2018b］）。

つぎに、親鸞の三願転入にも触れておく。親鸞は「菩提心を発し、諸の功徳を修め、至心に願を起こす」ことを往生の因とする第十九願を「自力諸行往生《じりきしょぎょうおうじょう》」、「我が名号を聞き、念を我が国に係け、諸の徳本を植え、至心に廻向する」ことを往生の因とする第二十願を「自力念仏《じりきねんぶつ》往生《おうじょう》」、そして「至心に信楽し、我が国に生まれんと欲して、乃至十念する」ことを往生の因とする第十八願を「他力念仏往生《たりきねんぶつおうじょう》」と解釈し、自らの思想遍歴（入信過程）の深まりを「第十九願（自力諸行往生）→第二十願（自力念仏往生）→第十八願（他力念仏往生）」で理解した。

③衆生に関する願―ⓒ他方国土の者に関する願

これも数が多いので、内容を要約して示す（（　）内の数字は前に同じ）。

私の光明に触れれば心身が柔軟になる（三三）、私の名を聞けば無生法忍《むしょうぼうにん》を得る（三四）、私の名を聞く女性は命終後、男性に生まれ変わる（三五）、私の名を聞く者は命終後、梵行《ぼんぎょう》を修し仏道を成ず（三六）、私の名を聞き菩薩行を修める者は人天に敬われる（三七）、私の名を聞けば覚りを開くまで諸根《しょこん》は完全である（四一）、私の名を聞けば三昧《さんまい》に住し仏を供養する（四二）、私の名を聞けば尊貴の家に生まれる（四三）、私の名を聞けば徳本を具足する（四四）、私の名を聞けば三昧に住し仏を見る（四五）、私の名を聞けば不退転《ふたいてん》に至る（四七）、私の名を聞けば三つの法忍を得て不退転を得る（四八）

ここでは「聞名」による功徳が強調されている点に注目しておく。お節介にも感じるが、ほかの仏国土に往生した者にも阿弥陀仏の聞名の功徳がおよぶと説かれている。

阿閦仏の誓願――比丘として

西方に極楽（Sukhāvatī）浄土を構えるのが阿弥陀仏、東方に歓喜（Abhirati）浄土を構えるのが阿閦仏であり、二仏の浄土は互いに東西で対面している。阿閦仏も阿弥陀仏同様、過去仏たる大目仏の前で誓願を立て、その実現に向けて菩薩行を修し、その結果、仏となって歓喜世界に住しているとされる。では、具体的な誓願について説明する前に、佐藤［2008］を参考にして、阿閦仏誕生に先立つ因縁譚を紹介しよう。

ある比丘が大目仏《だいもくぶつ》の説法を聞き、自分も菩薩として学ぶべき事柄を得たいと大目仏に願い出た。その比丘は不動なる真実の言葉によって全知者になりたいと発心し、いくつかの誓願を立てた。そして彼は「アクショーブヤ（Akṣobhya）」（音訳すれば「阿閦」、意訳すれば「不動」）という名の菩薩となる。阿閦菩薩はいくつかの誓願を立て、大目仏から「おまえは将来、仏になるだろう」という記別（予言）を授かるが、そのとき、大地震などの奇瑞が生じた。そして修行の結果、阿閦菩薩は阿閦仏となる。

阿閦の誓願で注意すべきは、比丘のときの誓願と菩薩のときの誓願という、二種の異なる誓願が説かれていることだ。比丘時に立てた誓願は「菩薩になるための誓願」ともいうべきもので、阿弥陀仏や薬師仏の誓願説にはみられない阿閦仏独自の誓願説である。

では、比丘時に立てた誓願からみていくが、その前に経典の整理をしておこう。阿閦仏の誓願を説く経典は蔵訳一本と漢訳三本が存在するが（一つは欠本）、インド原典は発見されていない。

①『阿閦仏国経《あしゅくぶっこくきょう》』（支婁迦讖訳：一四七年）
②『阿閦仏刹諸菩薩学成品経《あしゅくぶっせつしょぼさつがくじょうほんぎょう》』（支道根《しどうこん》：三三五年）欠本
③『大宝積経』「不動如来会《ふどうにょらいえ》」（菩提流志訳：七〇六年）

阿閦の誓願の特徴は、「怒りの心を生じないこと」を誓うように「禁止事項」の列挙にある。「こうなるように」と誓うのではなく、「こうしないように」と誓うのである。禁止事項の内容は、各資料によって細かな異同がみられるが、蔵訳からその内容を示せば、「怒り／瞋り／動揺／常に全知者の心を離れること／声聞の心／独覚の心／愛欲／貪欲／瞋恚／痴／加害／睡眠／昏沈／悔恨／怠け心／疑惑(a)／殺生／偸盗／非梵行／妄語／両舌／麁語／綺語／貪／瞋／邪見(b)」となる。

このうち、傍線（a）はアビダルマ仏教で「二十随煩悩」に含まれる内容、また傍線（b）は初期経典等で説かれる十不善業道に相当する。ともかく、これらの禁止事項を遵守することを誓うことで、この「比丘（伝統仏教の出家者）」は「菩薩（大乗仏教の修行者）」に姿を変え、「阿閦」という名を得るのである。

阿閦仏の誓願――菩薩として

つぎに、阿閦が菩薩として立てた誓願を紹介する。これも比丘時の誓願と同様に、禁止事項を述べる形で誓願が説かれるが、その定型表現を蔵訳で示せば、つぎのとおり。

「尊者世尊よ、私はそのように一切知〔者になりたいという〕心を生じさせるというこの宝を生じさせて、そのように無上正等菩提に回向し、完全に回向する一方で、無上正等菩提を、明らかに完全に覚らないうちに、もしも～《諸禁止事項》～するならば、無量無数不可思議不可計の十方の全世界において、いま存在するかぎりの、あらゆる仏・世尊で、このように存在し、生活し、留まって、法を説いておられるかの仏・世尊を欺いたことになるだろう」

この「禁止事項」の中にさまざまな表現が入ることになるが、ともかく阿閦菩薩は「正覚を得るまでに誓いを破ったならば、それは諸仏を欺いたことになる」と言っているのである。法蔵菩薩は、「もしも誓いを破ったならば、私は覚りを開かない」と誓願するので、その誓願の目的は「正覚を得る」ことにあるが、阿閦菩薩の誓願は「諸仏を欺かない」ことを目的にしている。つまり、阿閦菩薩は覚りの獲得よりも、誓ったとおりに行うという行為そのものを重視していると佐藤は指摘する。禁止事項はかなりの数に上るので、ここではその内容の一端のみを紹介しよう。

・言ったとおりに行わない
・生まれ変わるたびに、出家していながら乞食者になる
・生まれ変わるたびに、出家していながら無量なる弁財を備えた者になる
・妻帯者の心を生じる
・妄語をともなった心を生じる
・ほかの諸菩薩を見たとき、彼らに対して「教師」という思いを生じない
・説法時に説法者たちが来られているのに、法を聞くようにならない
・如来・阿羅漢・無上正覚者たち以外の外道の沙門・バラモンや外の神々に帰依する
・「こちらには布施し、こちらには布施するまい」と衆生に対し、差別するような認識を生じる
・夢の中ですら精液を漏らす
・私が無上正等菩提を覚った仏国土で、女の欠点を備えた女や、女の欠点が生じる

佐藤は阿閦菩薩の誓願の特徴を、「出家を前提にしている／自戒的傾向が強い／実践を重視している／成仏よりも誓願の遵守、つまり諸仏を欺かない行為を重視している」の四点に整理する。たしかに比丘時の誓願と同じように菩薩時の誓願も自戒的内容が多く、他者に関する利他的な誓願は最後に紹介した女性に関する一例のみであり、同じ誓願説でも法蔵菩薩のそれと

は大きく異なる。

さて最後に、阿閦仏の浄土について付言しておく。阿閦仏の浄土の特徴は、極楽浄土と違って女性も住んでいる点にある。そして、女性に関する記述も散見する。たとえば、阿閦が覚りを開いたとき、つぎのような四つの奇瑞、すなわち「女宝（転輪王の後宮）よりも優れた美徳を持つ／女性の装身具は、木から自由に手に入る／妊娠や出産の苦しみがない／女の持つ欠点がまったくない」が現れるという。

最後の「女の持つ欠点がまったくない」を除いて、これらは法蔵菩薩のように誓願で誓われていたわけではなく、成道の奇瑞として偶発的に出現している。これらは女性の欠点の解消に重点を置いてはいるが、欠点を解消した女性が成仏できるかどうか、あるいは女性の修行方法についてはまったく述べられていないので、『阿閦仏国経』は女性を修行の主体としては扱っていなかったのではないかと佐藤は結論づけている。

薬師仏とは

薬師仏の誓願（別願）を紹介する前に、岩本［1974］に基づき、まずは薬師仏そのものについて解説しておく。岩本は薬師仏を「不思議な仏」であるという。というのも、日本や中国での隆盛な信仰にもかかわらず、本国インドでは、その成立も含め、謎が多いからだ。日本への仏教伝来以来、薬師仏は現世利益の仏として受け入れられ、信仰されてきた。たとえば、法隆寺金堂に安置される像は、病気平癒を祈願して推古天皇一五（六〇七）年に鋳造され、古くより「現世利益の仏」として信仰されてきた。また奈良時代には、薬師仏の造像や薬師経の読誦・写経も盛んに行われたようである。

これは中国大陸や朝鮮半島における流行を反映してのものと考えられるが、その本国インドに遡ると、薬師仏の像はいまだ発見されていないのが実状だ。薬師仏のインド名は「バイシャジャ・グル（Bhaiṣajya-guru）」として知られているし、また薬師如来の誓願を説く『薬師如来本願経』の梵本も存在し、この写本は六～七世紀頃の書写と推定されている。大乗経典は伝承の過程で何度も書き改められ、そのたびごとに漢訳されることはすでに指摘したが、薬師仏の誓願を説く経典は以下のとおりである。

①『灌頂経《かんじょうぎょう》』（帛尸梨蜜多羅《はくしりみたら》訳：三一七～三二二年）
②『薬師如来本願経《やくしにょらいほんがんきょう》』（玄奘《げんじょう》訳：六一五年）
③『薬師瑠璃光如来本願功徳経《やくしるりこうにょらいほんがんくどくきょう》』（玄奘訳：六五〇年）

最古の漢訳年代から考えれば、四世紀までには本経が成立しており、したがって薬師仏の成立はそれ以前に遡ることになるが、それ以前の仏典で「薬師」に言及するものは、呉の支謙が三世紀前半に訳した『八吉祥神呪経《はっきちじょうじんしゅきょう》』のみであるという。というわけで、薬師仏は、いつ、どこで、どのような状況のもとに成立した仏かは不明であり、だから岩本は薬師仏を「不思議な仏」であると評する。

薬師仏の誓願

ここでは、梵本からその誓願の内容を紹介する。本経は、ブッダがヴァイシャーリーに遊行に出かけて逗留していたとき、文殊の求めに応じてブッダが説いた経である。「この娑婆世界から、遠く遠く離れた東方に浄瑠璃という世界があり、そこに薬師瑠璃光という仏がいる。菩薩であったとき、彼は一二の偉大な誓願を立てた」と前置きして一二の誓願が説明される。では、その一二の誓願のみを抜き出す。各願の冒頭はすべて「未来世に私が無上正等菩提を得たとき」ではじまるので、訳ではこの部分を省略。

①私の身体から発する光明によって、無量にして無数の多くの世界が光り輝くように。そして私に三十二相八十種好が具わっているように、一切の衆生も同様にこれら諸々の吉相と福相で飾られているように

②覚りを得た私の身体が評価できないほどに貴重な瑠璃の宝玉のように、内外ともに清浄明徹で、無垢なる光輝で輝き、またこの広大な身体に無上なる吉祥と栄光とが具わっているように。その光の強い輝きは、日月の光にも勝っているように。そしてこの世界に生まれた

衆生は皆、真っ暗闇の夜にどの方角に行くにせよ、いずれの方角においても私の光明に照らされ、数々の善行を実践するように

③覚りを得た私の無量の理智の方便力によって、無量の衆生の飲食や財物は尽きないように。また衆生の誰かがたとえどれほどであっても、少ないことがないように

④覚りを得た私が、邪道に堕ちた衆生や声聞道や独覚《どっかく》道に入った衆生を、無上正等菩提という偉大な乗物に乗せられるように

⑤衆生は私の教誡を遵守して梵行を修し、すべての者が禁戒を破らず、十分自制しているように。また誰かが戒を破ったとしても、私の名を聞けば、決して悪道に堕ちないように

⑥衆生の身体に欠陥があり、諸々の感覚器官に不備があったり、顔色が悪かったり、（中略）そのほか身体のどこかに病気があるとき、私の名を聞けば、すべて感覚器官が健全となり、五体満足となるように

⑦衆生が数々の病に打ちひしがれ、救う人も庇護する人もなく、薬も服用せず、親族もなく、貧困に苛まれても、もし彼らが私の名を聞けば、彼らの病気はすべて癒え、無病息災となって、ついには覚りに到達できるように

⑧ある女性が幾百という女性ゆえの罪悪に悩まされ、女性であることを厭い、女身を捨てたいと願うとき、私の名を心に念ずれば、この女性は女性でなくなり、ついには覚りに到達できるように

⑨悪魔の鎖に繋がれたり、諸々の邪見の陥穽に堕ちた衆生をすべて、一切の悪魔の鎖や邪見の道から連れ戻して正見に繋ぎ止め、次第に菩薩の修行を教示できるように
⑩ある衆生が王の恐怖にさらされ、牢獄に繋がれ、処刑されようとしたり、さまざまな幻覚に襲われたり、人々から軽蔑されたり、身口意の苦悩に打ちひしがれたりしていても、私の名を聞き、また私の福徳の力によって、あらゆる危難や災難から逃れさせることができるように
⑪ある衆生が飢餓の火に焼かれ、飲食物を探し求めることに懸命なあまり、不注意に罪を犯したとしても、私の名を念ずれば、私は色も香りも味も素晴らしい食事でその男の肉体を満足させることができるように
⑫ある衆生が貧困で衣服がなく、日夜寒暑に悩まされ、蚊や虻に煩わされながらも、私の名を念ずれば、私は彼にいろいろな色に染めた衣服や、彼らの欲するものを持ってきて、彼らの望みを満足させられるように。また、種々様々な宝玉・装飾品・香水・華鬘・香油によって、また歌や器楽の演奏や太鼓を打ち鳴らして、すべての衆生の願望を叶えることができるように

薬師の誓願で誓われている内容は、現世利益的なものが多い。また、第六願や第七願は「薬師」の名のとおり、「病気」の平癒を誓う内容となっている。この誓願に基づき、日本では病

気平癒を祈願して薬師仏に対する信仰が成立した。さらには、傍線で示したように、聞名（⑤・⑥・⑦・⑩）や念名（⑧・⑪・⑫）の功徳が説かれていることにも注意しておこう。

本経では、法蔵菩薩のように、ある仏に対して誓願を立てているわけではないし、誓願を立てた後の行についても詳細には言及せず、「彼は前世において菩薩行を実践しながら、これら一二の偉大な誓願を立てたのである」とブッダが説くに留まっている。また本経は阿弥陀仏にも言及し、薬師の浄土も阿弥陀仏の極楽さながらであると記述している点も指摘しておく。

なお、これ以外にも別願としては、ブッダの五百大願が〈悲華経《ひけきょう》〉に説かれている。本経は他方仏国土を選択する阿弥陀仏等の諸仏に対し、娑婆世界である穢土での成仏を誓うブッダの優位を説く経典であり、この中でブッダは過去世において五百の誓願を立てたとされる。〈悲華経〉は、他方仏国土に偏り、ブッダ軽視の傾向にあった当時の大乗仏教に異を唱える立場から製作された大乗経典と考えられるが、これについては紙幅の都合上、これ以上は踏み込まず、紹介のみに留めておく。

第三章　菩薩の行

一　大乗仏教徒の実践すべき道（六波羅蜜《ろくはらみつ》）

波羅蜜（pāramitā）の語源

伝統仏教以来、覚りを得るための実践（行）がいろいろと考案された。その中でも、初期以来、実践の中心となるのは「八正道」である。何しろこれは初転法輪の中で言及されるのであるから、実践の王道といえる。一方で、八正道以外にも、初期経典中には特色ある実践が説かれるようになり、それはやがて「三十七菩提分《さんじゅうしちぼだいぶん》（四念処《しねんじょ》・四正勤《ししょうごん》・四神足《しじんそく》・五根《ごこん》・五力《ごりき》・七覚支《しちかくし》・八正道《はっしょうどう》）」としてまとめられる。この中には八正道も含め、三七の実践方法が説かれているのである。

伝統仏教の代表が八正道であるように、大乗仏教になると「六波羅蜜」が実践の中心を占めるようになった。つまり、六波羅蜜は大乗仏教を代表する菩薩行なのである。そこで、菩薩の行として六波羅蜜をとりあげることにするが、まずは三枝［1981］を参考に、「波羅蜜」と音訳されるインド語の意味内容を吟味することからはじめよう。

この語は大乗仏教になってから仏典に登場したわけではなく、初期経典中に「パーラミー／パーラミター（pāramī/pāramitā）」という形ですでにみられる。たとえば『経集』一〇二〇偈には「法の蘊奥を究めている（dhamme pāramiṃ gato）」と説かれている。これを文法的に解釈すれば、「最上・最高」を意味する parama の女性形が pāramī であり、これに抽象名詞を意味する -tā が付されて pāramitā という形になるから、その意味するところは「成就・完成・最上」となる。英語では perfection/completeness/highest state 等と訳される。それを裏付ける用法として、三枝は梵文『菩薩地《ぼさつじ》』の用例をあげる。

〔布施などの波羅蜜は〕最も長い期間において（parameṇa kālena）成就され、最上であり（paramayā）、本性が清浄であり、また最高の成果を（paramaṃ phalaṃ）実現する。それ故に「波羅蜜（pāramitā）」と呼ばれるのである（BBh. 372.6–9）。

この例文により、三枝は「pāramitā は parama と表裏して、つねに最上級の扱いを受ける」

と指摘するが、その一方で、pāramitā をめぐっては別の解釈も存在する。これは pāram-i-tā と分解する解釈で、これによれば「彼岸に（pāram）至った（i）状態（tā）」を意味することになる。チベット語もこれを pha-rol-tu-phyin-pa（彼岸に至った）とし、同じ理解を示す。この解釈に基づいて漢訳したのが「到彼岸／度（＝渡）」である。

これは「六波羅蜜を実践して彼岸に至る／渡る」を含意している。たとえば、龍樹に帰せられる『大智度論《だいちどろん》』（大品系般若経の注釈書）は「人をして慳貪等の煩悩染著の大海を渡り、彼岸に到らしめる、是を以ての故に波羅蜜と名づく」（T. 1509, xxv 145c1–3）、また『倶舎論《くしゃろん》』は「能く自の所住として円満なる彼岸に到る。故に此の六は名づけて波羅蜜多と曰う」（T. 1558, xxix 95b26–27）等と説く。

pāramitā は文法的には「成就・完成・最上」と理解すべきだが、伝承の過程で「到彼岸／度」の解釈は根強く残り、仏典においてそう解釈される場合も多い。よって、本書では漢字の音写「波羅蜜」を用いる。

六波羅蜜の成立

ではつぎに、六波羅蜜の成立について考えてみよう。六波羅蜜とは、布施《ふせ》・持戒《じかい》・忍辱《にんにく》・精《しょう》進《じん》・禅定《ぜんじょう》・智慧《ちえ》の六つをさすが、これはどのように成立したのか、また六波羅蜜の各項目の起源はどこに求められるだろうか。まずは六波羅蜜の内容を概説しておく。

①布施波羅蜜：他者に施しをすること。施物については、財施《ざいせ》（物質的な物）・法施《ほうせ》（法を説くこと）・無畏施《むいせ》（安心感など精神的なもの）等の別がある

②持戒波羅蜜：戒（自発的道徳）と律（他律的規則）を保つこと。大乗戒はあるが、大乗仏教独自の律はない

③忍辱波羅蜜：侮辱や苦難を耐え忍び、瞋恚・怨恨・悪意の心を起こさず、迫害・侮辱等を忍受すること

④精進波羅蜜：覚りを開くために、努力すること。これが布施・持戒・忍辱・禅定波羅蜜の基礎となる

⑤禅定波羅蜜：心の動揺や散乱を鎮め、心を集中させて精神を統一し、真理を知見すること

⑥智慧波羅蜜：般若（prajñā/paññā）波羅蜜ともいう。正しくものの道理を洞察すること。ほかの五波羅蜜の実践により智慧波羅蜜を獲得するともいえるし、ほかの五波羅蜜は智慧波羅蜜に基づいてこそ「波羅蜜」となるともいえる

六波羅蜜としてまとめられたのは大乗仏教になってからだが、その各項目はすでに伝統的な仏典で説かれていた。さきほど三十七菩提分に言及したが、そのうち六波羅蜜と重なる「五根（＝五力）／七覚支／八正道」およびそれらを総括する「三学」の内容は、つぎのとおり（傍線で示した項目は六波羅蜜と重なるもの）。

五力（＝五根）：信・精進・念・定・慧
七覚支：念・択法・精進・喜・軽安・定・捨
八正道：正見（＝慧）・正思・正語・正業・正命・正精進・正念・正定
三学：戒・定・慧

これをみると、六波羅蜜のうち、布施と忍辱以外の四項目（持戒・精進・禅定・智慧）は初期経典中の実践項目にトレース可能である。これを逆からみれば、六波羅蜜で新たに加わった「布施」と「忍辱」こそが大乗仏教の特色（大乗性）を顕著に表している。というのも、この二項目は「対社会的」な項目であるからだ。

布施波羅蜜と忍辱波羅蜜

「自利即利他」あるいは「利他」を強調する大乗仏教が、対自己的な項目（持戒・精進・禅定・智慧）のみで満足するはずがない。すでにみた四弘誓願でもその最初が「衆生無辺誓願度」から始まるように、六波羅蜜も「布施」から始まっていることは実に興味深いし、当然といえば当然である。

つぎに「忍辱」に注目しよう。伝統仏教と大乗仏教とは大きく異なる。伝統仏教の目標は「成阿羅漢」であるが、大乗仏教はまず菩薩となって「成仏」することを目指すからだ。伝統仏教では教祖ブッダを崇拝するあまり、自分たちがブッダと同じ境地に達することなど考えてもみなかったが、大乗教徒はそのタブーを犯し、成仏を目指したのであるから、伝統仏教の保守的な出家者たちは大乗仏教の教えを受け入れ難かったにちがいない。このような状況から、大乗仏教の教えを広めるに当たっては、伝統仏教側からの相当なバッシングがあったことが予想されるし、〈法華経〉の常不軽菩薩品はそのような状況を反映して創作されたと思われる。では、その内容を簡単に紹介しよう。

昔々、威音王《いおんのう》如来が般涅槃した後、正法が消滅し、増上慢《ぞうじょうまん》の比丘たちが幅をきかす時代に、常《じょう》不《ふ》軽《ぎょう》という菩薩（ブッダの本生）が現れた。彼は誰に出会っても「私はあなた方を軽蔑いたしません。あなた方は軽蔑されません。それはなぜかというと、あなた方は皆、菩薩行を行じなさい。そうすれば〔将来〕、如来・阿羅漢・正等覚者となるお方だからです」と言って彼（女）を礼拝したので、「常不軽」と呼ばれていた。

しかし、彼にそう言われた者たちは彼に腹を立て、悪意を抱いて非難し、杖や枝で打ちつけ、瓦礫や石を投げつけた。こうして多くの年月が過ぎ去ったが、常不軽菩薩は誰にも腹を立てず、悪意を起こさなかった。さて死期が近づいたとき、彼は空中からの声によって法華経を聞いた。彼は実に長時に亘って神通力で自分の寿命を持続させ、法華経を説き明かした。以前は彼を軽蔑していた者たちも彼に従う者となり、また別の多くの衆生を無上正等菩提に導き入れた。

このように、大乗の教えを説き広めるにあたっては、当然このような迫害が大乗教徒に加えられたと想定され、それに耐え忍んで布教するために、忍辱が波羅蜜の一つとして加わったとも考えられる。

菩薩の代受苦

また忍辱波羅蜜に関連して、大乗仏教の菩薩を考える上で重要な「代受苦」についても平岡［2016: 207–209］に基づき、言及しておこう。伝統仏教と大乗仏教では、「苦」の位置づけがかなり異なる。つまり、伝統仏教では業思想（善因楽果・悪因苦果）の原理原則に基づき、苦は悪業の果報として、いやでも享受すべきものであったが、大乗仏教では菩薩が他者になり代わって苦を受け、それが覚りに資すると解釈されるようになる。

たとえば『摩訶般若波羅蜜経《まかはんにゃはらみつきょう》』「発趣品《ほっしゅほん》」には、つぎのような記述がみられる。

「云何が菩薩、大悲心に入るとするや。若し菩薩、是の如く念ぜん。我れ一一の衆生の為の故に、恒河沙等の劫の如く、地獄の中に懃苦を受け、乃至是の人、仏道を得て涅槃に入らんと。是の如きを名づけて、一切十方の衆生の為に苦を忍ぶと為す」（T. 223, viii 258a13–16）

これに対する注釈書『大智度論』は「一一の人の為の故に、無量劫に於て、代わりて地獄の苦を受く（代受地獄苦）」（T. 1509, xxv 414b12-13）と注解し、ここに「代受苦」という表現がみられる。つぎに『華厳経』（六十巻本）の用例を紹介する。

「我れ当に一切衆生の為に、一切の刹、一切の地獄の中に於て、一切の苦を受け、終に捨離せざるべし。我れ当に一一の悪道に於て、未来劫を尽くし、諸の衆生に代わりて無量の苦を受けん（代諸衆生受無量苦）。何を以ての故に。我れ寧ろ独り諸の苦を受け、衆生をして諸の楚毒を受けしめざらん。当に我が身を以て一切の悪道の衆生を免贖し、解脱を得せしむべし」（T. 278, ix 489c15-20）

「大悲心を発す。一切の衆生に代わりて一切の苦毒を受くる（代一切衆生受一切苦毒）が故に」（T. 278, ix 634c21-22）

また『請観世音菩薩《しょうかんぜおんぼさつ》消伏毒害《しょうぶくどくがい》陀羅尼呪経《だらにじゅきょう》』には、「亦た地獄に遊戯し、大悲代わりて苦を受く（大悲代受苦）」（T. 1043, xx 36b17）と表現され、「大悲代受苦」という定型的な表現もできあがる。さらに『大般涅槃経《だいはつねはんぎょう》（大乗涅槃経）』には、「諸の衆生の為に生死に処在し、種種の苦を受けても心に退転せず。是を菩薩の不可思議と名づく」（T. 375, xii 804b14-15）とし、代受苦が菩薩の不可思議な特性であることが強調されている。

しかし、このような思想は大乗仏教になってからはじめて説かれるようになったのではなく、伝統仏教にその萌芽が見られる。たとえば、本生の菩薩（ブッダの本生としての菩薩）は「願って悪趣に赴く」と説かれている。また、南方上座部の論蔵である『論事《ろんじ》』は、南方大衆部のアンダカ派の説として「菩薩の自由意志を行使することで悪趣に赴く」（Kv. 623.2-3）ことを紹介し、南方上座部からみれば邪説として斥けられているが、このような考え方がすでにあったことは注目してよい。また『異部宗輪論《いぶしゅうりんろん》』には大衆部系の説として、「菩薩は有情を饒益せんと欲するが為に、願って悪趣に生じ、意に随って能く往く」（T. 2031 xlix 15c10-11）が紹介されている。

このような本生菩薩の伝承を受け、大乗仏教ではこれが菩薩一般の特性に敷衍されると、悪趣へは業果に催されて仕方なしに行くのではなく、自らの意志に基づいて進んで行くことになり、そうして誰かになり代わって苦を受けることが大乗菩薩の行とされ、ブッダと同様に、それが成仏の資糧になると考えられるようになった。

禅定波羅蜜――三昧

精神集中を意味する用語は、禅定（dhyāna/jjhāna）・三昧（samādhi）・等至《とうし》（samāpatti）・瞑想（yoga）等があるが、ここでは大乗仏典にしばしば登場する「三昧」をとりあげる。仏教の修道体系は三学（戒《かい》・定《じょう》・慧《え》）だが、仏教は「戒を保ち、精神を集中して、最終的に智慧を得ること」を目指す宗教であるから、伝統仏教の初期以来、禅定は覚りに直結する重要な行であった。禅定の重要性は大乗仏教でも変わらないが、伝統仏教とは違った意味で重要な行と見なされるに至る。では、その理由を考えてみよう。

その大前提は、当時が無仏の世であったということだ。大乗仏教を考える場合、「現在せる仏」の存在がどうしても必要だった。その大きな理由は、少なくとも三つある。一つ目は単純に、今苦しんでいる〝私〟を救済してくれる現在の仏（救済仏）を希求したということ。二つ目は授記を授けてくれる仏が必要だったこと。大乗の菩薩が本生の菩薩を模範にしていることはすでに述べた。とすれば、菩薩の出発点は燃灯仏授記に範をとり、仏から成仏の予言（記《き》別《べつ》）を授かる必要がある。よって大乗教徒は今生で菩薩になるために、今の私に授記してくれる現在仏が必要だった。そして三つ目は今の私に戒を授けてくれる戒師として現在仏が必要であった（後述）。

世界観を広げることで現在仏が確保されたことはすでに述べたが、ここで別の問題が生じる。その仏にいかにして値遇するかという問題だ。死後、浄土に往生すれば可能だが、その場合は死後に菩薩になれても、今生では菩薩になれない。とすれば、残された方法は二つ、一つは夢の中で見仏するか、あるいは禅定において観仏するかである。こうして、仏と出会う方法として、三昧（禅定）が重要な意味を持つようになる。

大乗経典にはさまざまな三昧が説かれているが、ここではその代表的なものとして「般舟三昧」をとりあげよう。この三昧は〈般舟三昧経《はんじゅざんまいきょう》〉で詳説され、インド原典は未発見だが蔵訳は存在し、その蔵訳から本経の原典名は、「プラティウトパンナ・ブッダ・サンムカ・アヴァスティタ・スートラ（Pratyutpanna-buddha-saṃmukhāvasthita-sūtra）」と推定される。その意味内容は、「現在の諸仏の面前に立つ〔菩薩の〕三昧／現在の諸仏が〔菩薩の〕面前に立つ三昧」（Harrison［1990: 3］）、あるいは「現在の〔諸〕仏が菩薩あるいは行者の面前に立ち給える、あるいは住し給える三昧」とも解釈される（林［1994: 269–272］）。いずれにせよ、この般舟三昧は「見仏」を目的とした三昧であり、つぎのように説かれる。

「菩薩や在家者や出家者が一人で閑処に行って坐り、かの如来・阿羅漢・正等覚者・世尊の無量寿〔仏〕を、聞いたそのままの姿形で思念し、戒蘊に過失なく、念を散乱させず、一昼夜（中略）七昼夜にわたって思念すべきである。もし彼が七昼夜にわたって心を散乱させずに無量寿如来を思念すれば、七昼夜が満了して経過したのち、彼は世尊である無量寿如来を見る」（D. 133, Na 11b2–5）

ここで見るべき仏は無量寿仏だが、それ以外にも「般舟三昧に住している菩薩大士には、ほとんど困難なく多くの仏が眼根に（＝目の前に）現れる。ほとんど困難なく、数百の仏、数千の仏、数百千の仏、数億の仏、数百億の仏、数千億の仏、数百千億の仏、数百千那由他の仏が、ほとんど困難なく眼根に（＝目の前に）現れるのである」と説かれている。こうして、無仏の世である娑婆世界であっても、大乗教徒は現在他方仏を想定し、また三昧を通じて仏に会うことが可能であると考えた。

六波羅蜜の関係

ではここで、六波羅蜜の関係について整理しておく。波羅蜜は全部で六つだが、これは六つが等価で並列されているわけではない。最も重要なのは、最後に位置する般若波羅蜜である。この点を、最古の般若経〈八千頌般若経〉で確かめてみよう。第三章では、ブッダがカウシカ（＝神々の主シャクラ）に、つぎのように答える件がある。

「カウシカよ、般若波羅蜜を習得しているときには、六波羅蜜すべてを習得しているのである。またカウシカよ、善男子・善女人が般若波羅蜜を習得し、覚え、唱え、理解し、宣布しているとき、その人は現世の徳を獲得する」（AṣP 26.5-7）

これから明らかなように、般若波羅蜜がほかの五波羅蜜を包含していることがわかる。さらにこの後には、ブッダとアーナンダとの会話に般若波羅蜜の重要性を決定づける記述がみられるので紹介しよう。

そのとき、同志アーナンダは世尊にこう申し上げた。「世尊よ、世尊は布施波羅蜜を称讃されず、〔布施という〕名前にも言及されませんでした。持戒波羅蜜・忍辱波羅蜜・精進波羅蜜・禅定波羅蜜についても、さらに世尊よ、禅定波羅蜜をも称讃されず、〔それらの〕名前にも言及されず、ただ般若波羅蜜だけを称讃され、その名前に言及されたのですね」

世尊は言われた。「アーナンダよ、そのとおりだ。実にそのとおりである。アーナンダよ、私はただ般若波羅蜜だけを称讃し、〔その〕名前に言及するが、その他の波羅蜜についてはそうしない。それはなぜか。アーナンダよ、般若波羅蜜は〔他の〕波羅蜜に先立つものだからである（後略）」（AṣP 40.13-19）。

このあと、ブッダは「布施波羅蜜（乃至、禅定波羅蜜）は全知者性〔の獲得〕に回向（内容転換）されて初めて、布施波羅蜜という名前を得る」と説明する。この「全知者性」は「般若波羅蜜」と置換可能であるから、ほかの五波羅蜜は般若波羅蜜という「目的」を達成するための「手段」という位置づけになり、般若波羅蜜とほかの五波羅蜜の主従関係は明白である。そして、これをしめくくる形で、ブッダはこうも言う。

「般若波羅蜜は〔他の〕五波羅蜜に先立つものであり、〔その〕案内者であり、指導者である。そのような仕方で、〔他の〕五波羅蜜は般若波羅蜜の中に含まれる。アーナンダよ、般若波羅蜜は六波羅蜜の完全性に対する異名である。それゆえにアーナンダよ、般若波羅蜜に言及すれば、六波羅蜜すべてに言及したことになるのだ」（AṣP 40.28-31）

このあとブッダは、種子が大地に蒔かれて成長するように、ほかの五波羅蜜（種子）は般若波羅蜜（大地）に支えられて成長するという譬えを出している。

般若波羅蜜の絶対化

以上の説明から、六波羅蜜のうち般若波羅蜜が最も重要であることは理解されたが、この傾向はさらに強化され、大乗教徒の実践徳目という枠を超えて、絶対化の道を辿ることになる。ここではその現象を、二つの側面から考察してみよう。一つは般若波羅蜜の真言化、もう一つは遺骨に代わる信仰の対象化である。まずは前者から。

さきほど、「般若波羅蜜を習っている人は現世の利益を獲得する」という例を紹介したが、その具体例として、「誰かがその人に剣や棒や土塊などを投げつけても、それは彼の体には当たらない」とブッダは説く。それはなぜかと自問すると、ブッダはカウシカに対し、つぎのように答える。

「カウシカよ、この般若波羅蜜は偉大なる明呪（vidyā）である。カウシカよ、この般若波羅蜜は無量の明呪《みょうじゅ》である。カウシカよ、この般若波羅蜜は無限の明呪である。カウシカよ、この般若波羅蜜は無上の明呪である。カウシカよ、この般若波羅蜜は比類なき明呪である。カウシカよ、この般若波羅蜜は至高なる明呪である」（AṣP 27.29-32）

このように、「般若波羅蜜（prajñā-pāramitā）」という言葉自体が厄難を回避する言葉（呪文）として機能することが説かれているが、これを発展させれば真言につながる。このように般若波羅蜜は単なる言葉ではなく、実体を持った言葉として認知されるようになると、それは当然、信仰の対象にもなる。そこでつぎに、般若波羅蜜の信仰の対象化についてみていこう。これも同じく、カウシカに対するブッダの説法を紹介する。

「カウシカよ、ある場所で人がこの般若波羅蜜をただ書き記し、製本だけでもして、まず供養を行って安置すれば、それを恭敬せず、習得せず、覚えず、唱えず、宣布せず、説かず、述べず、教示せず、読誦しなくても、カウシカよ、その場所では、人や人ならざる者が衆生の弱点を探し、弱点を求めたとしても、その弱点につけいることはない。（中略）それはなぜか。カウシカよ、般若波羅蜜のために、衆生にとってその場所は塔廟（caitya）のごとく〔神聖な場所となり〕、敬礼し、奉仕し、讃嘆し、祈願し、恭敬し、尊重すべきものであり、その場所に近づく衆生のために、救いの場所・帰依の場所・安息の場

所・目的地となるからだ。カウシカよ、善男子・善女人は、このような現世の徳を獲得する」（AṣP 28.10–15）

ここまでくれば、般若波羅蜜はもはや実践徳目でもなく、習得すべき対象や教示すべき対象でもなく、信仰の対象となる。これは仏塔に納められたブッダの舎利（遺骨）にも代わりうるどころか、それ以上の存在に祭り上げられる。以下、その記述を紹介しよう。カウシカはブッダに対し、「般若波羅蜜を書き記し、製本して安置し、それを供養する功徳と、ブッダの遺骨を納めた仏塔を供養する功徳と、どちらがより多くの福徳を生じるでしょうか」という問いに対し、こう答える。

「如来は具体的存在である身体を得ることで「如来」と呼ばれるのではなく、全知者性を得ることで如来は「如来」と呼ばれるのだ。カウシカよ、如来・阿羅漢・正等覚者の全知者性は般若波羅蜜の所産である。そしてカウシカよ、如来が具体的存在としての身体を得ているということは、般若波羅蜜の巧みな方便として生じているのであり、全知者の知の基盤となっている。というは、この基盤によって全知者の知が顕現し、仏の本体が顕現し、法の具体的存在が顕現し、僧の具体的存在が顕現するからである」（AṣP 29.10–16）

このように般若波羅蜜は、仏を含め、三宝（仏・法・僧）を生み出す基体とみなされるので、ブッダの遺骨を納めた仏塔を供養するよりも、般若波羅蜜を書き記し、製本して安置し、それを供養する功徳のほうが大きいとされる。

舎利と般若波羅蜜

これを承け、〈八千頌般若経〉第四章では、ブッダがカウシカに「如来の遺骨で満たされた閻浮提と、般若波羅蜜が書き記されたものと、いずれか一方が与えられるとしたら、おまえはどちらを選ぶか」と質問すると、カウシカはこう答える。

「世尊よ、私は般若波羅蜜を取ります。なぜなら、如来の導師（＝般若波羅蜜）を崇敬するからです。実にこれが如来の真正の身体なのです。なぜなら、世尊は『諸仏・諸世尊は法身である。比丘たちよ、けっして今ある身体を〔真の〕身体と考えてはならぬ。比丘たちよ、私を法身が完成したものと見よ』と言われたからです。この如来の身体は般若波羅蜜という真実の究極から顕現したものとみるべきなのです。しかし世尊よ、私がその如来の遺骨を軽視しているわけではありません。世尊よ、私はその如来の遺骨を尊重します。しかし世尊よ、この般若波羅蜜から生じた如来の遺骨が供養をうけるわけです。よって世尊よ、この般若波羅蜜が供養されることで、その如来の遺骨も完全に供養されたことになるのです。なぜなら、如来の遺骨は般若波羅蜜から生じたものだからです。（中略）如来の身体（色身）は全知者性の容器ではありますが、〔如来の身体〕は智を生ずるための縁でも因でもありません。こうして世尊よ、如来の身体をとおして全知者の知の因となる〔般若波羅蜜〕が供養されるのです。（中略）世尊よ、如来の身体には般若波羅蜜が行き渡っているから供養をうけるのです」（AṣP 48.7–25）

仏を仏たらしめているのは般若波羅蜜であり、般若波羅蜜こそ仏の本質であるから、カウシカは如来の遺骨で満たされた閻浮提《えんぶだい》よりも、般若波羅蜜が書き記された書物（あるいは経巻）を選択するという。さて、ここでは般若波羅蜜が「法身《ほっしん》」と同義で使われているので、ブッダ観について少し解説を加えておこう。

ブッダは入滅して遺骨だけが残されたとき、当時の仏教徒は悲嘆に暮れたに違いない。残された仏教徒が生前のブッダとつながりを持つには、生前のブッダと関係のある物理的存在が必要であった。たとえばブッダの爪や髪、あるいはブッダの衣鉢といった所有物などが考えられるが、最も深く強くブッダを想起させるものは何と言っても遺骨（舎利）であっただろう。しかし肉体的な身体はもちろん、遺骨も物理的存在である以上、無常性ゆえにいつかは滅びる。こうして、ブッダ亡きあと、唯一のブッダの物理的存在である遺骨に救い（信仰のよすが）を求めた仏教徒がいた一方で、無常性を超越した「永遠のブッダ」を追求した仏教徒もいた。この「永遠のブッダ」を模索する中で考え出されたのが、法身（dharma-kāya）である。

ブッダは法（理法／真理／宇宙を貫く法則）に目覚めて仏になったから、仏をして仏たらしめている本質は法であり、この「法を身体とする者」こそ仏の正体であると考えた。こうして大乗教徒は、変異する色身に代わり、変異しない法身を拠り所にしたのである。ブッダの身体を色身《しきしん》と法身とに分けるのを二身説という。二身説はすでに初期経典中にみられるが、おそらくは仏滅後に考え出されたものであろう。

そしてこの二身説を発展させて、大乗仏教では三身説が考え出された。三身説とは、法身・報身《ほうじん》・応身《おうじん》をいう。法身はすでに説明したので省略するが、報身とは「修行の果報として現出した身体」、応身は「衆生救済のために、覚りの世界から衆生に応じて顕現した身体」を意味する。

三身説の母体は仏伝にある。ブッダは真理（法身）を覚り、その報いとして法楽を享受したあと（報身）、梵天勧請により、覚りの世界に留まるのをよしとせず、再び俗世間に戻ってさまざまな衆生に応じた法を説いたのであるから（応身）、三身説は仏伝におけるブッダの生き方を理論化したものであり、それとは別に三身説が新たにつくり出されたわけではない（平岡［2015: 88–101］）。

陀羅尼の重視

ここまで禅定波羅蜜（般舟三昧）による見仏と般若波羅蜜の真言化とを説明したので、この両者に関連し、大乗仏教になってから重視される「陀羅尼《だらに》」についても言及しておこう（氏家［2017a; 2017b］・平川［1989: 337-356］）。陀羅尼は菩薩のそなえる徳としても重視されているからである。

後代、陀羅尼は真言と同様に「呪文」を意味するようになるが、本来、両者の意味内容は同じではなかった。「陀羅尼」とは「ダーラニー（dhāraṇī）」を音訳したもので、dharma と同じく√dhṛ（保つ／保持する）から派生した語であるから、「保持するもの」つまり「記憶（力）」を意味する。「経法を忘れずに保持し記憶すること」が陀羅尼の原意であった。よって dhāraṇī は「総持《そうじ》／能持《のうじ》」とも意訳される。

陀羅尼の原意が「記憶（力）」だとすれば、記憶すべき教法は誰から聞くのか。それは仏からであり、その仏と出会うために禅定波羅蜜（般舟三昧）による見仏体験が必要とされた。禅定によって仏に見え、その仏から教法を聞いて記憶に留めるのだ。では何のために教法を記憶するのか。それは法を説くためである。たとえば、『首楞厳三昧経《しゅりょうごんざんまいきょう》』には「陀羅尼を得て弁才を成就し、楽説すること無尽なり」（T. 642, xv 629b13-14）と説かれ、また陀羅尼と無礙（無辺）弁才とはセットで説かれることもある。この流れは「見仏（般舟三昧）↓聞法（陀羅尼）↓説法（弁才）」と整理できよう。

つぎに、記憶（陀羅尼）の対象となる教法の内容について考える。それは、重要な教法で、なおかつ記憶しやすい内容になっていなければならない。こうして記憶すべき内容は、凝縮され洗練され、結果として言霊化し、真言の要素を帯びてくる。「理法（真理）」そのものは言葉をはじめ、一切の表現を超越しているが、「理法を表現した言葉」は「単なる言葉」とは異なる。陀羅尼の内容の価値が高まると、「理法を表現した言葉」は「理法」に限りなく近接し、ついに両者は同化してしまう。これが真言だ。こうして陀羅尼は真言に吸収され、「真言陀羅尼」が成立する（これに対し、本来の陀羅尼は「聞持陀羅尼」という）。

「般若波羅蜜」という言葉が真言化し、呪文と同一視されたことはすでにみたが、こうして真言化した言葉は不思議なパワーを持つに至り、陀羅尼の保持者を守護したり、悪を遮する力があると説かれるようになる。このように、大乗仏教を唱導し、大乗経典を伝承するには陀羅尼の獲得がきわめて重要だったが、この陀羅尼を得た人を「（説）法師《ほっし》（dharma-bhāṇaka）」と呼び、大乗仏教の唱導に重要な役割を果たした。渡辺［2018］を参考に、その要点のみを紹介しよう。

①大乗の法門は、仏滅後五〇〇年後、この説法師によって唱導された
②説法師が法を説く場所は、どこであれ仏の教えを示す遺身が所蔵されている「仏塔（caitya）」とみなされるので、説法師は仏と同様に尊崇された

③説法する際、説法師には、神々から無礙智《むげち》と陀羅尼の呪句、それに能弁の閃き（pratibhā）が与えられ、説法に対処できた
④説法師はほとんどの場合、比丘（出家者）であった
⑤説法師は、伝統仏教の比丘の僧団からは異端視されていた
⑥説法師は大乗の教団の中核を担い、大乗経典を制作し宣教する大乗仏教運動の推進者であった

十波羅蜜

では本節の最後に、十波羅蜜について簡単に触れておく。これが六波羅蜜をさらに展開したものであることは容易に想像できる。南方上座部というと、大乗仏教とは無関係の伝統的な仏教をかたくなに守ってきたイメージがあるが、実はそうではなく、南方上座部も大乗仏教の影響を受けたことは森［2015］の研究で明らかである。したがって六波羅蜜も例外ではなかった。ただし、南方上座部では六波羅蜜に新たな四つの波羅蜜を加えて十波羅蜜とするが、この十波羅蜜には二つの系統がある。一つはインド本国で展開した大乗仏教に属する系統、もう一つはスリランカの南方上座部で展開した系統である。

前者からみていこう。これは六波羅蜜の最後の般若波羅蜜から派生した四つの波羅蜜を加えて十とするもので、『華厳経』「十地品《じゅうじほん》」やその注釈書である世親の『十地経論《じゅうじきょうろん》』で説かれて

いる。プラスされる四つの波羅蜜は、以下のとおりである。

①方便波羅蜜：さまざまな方便によって智慧を導き出すこと
②願波羅蜜：常に誓願を保ち、それを実現すること
③力波羅蜜：善行を実践する力と真偽を判別する力を養うこと
④智波羅蜜：ありのままに一切の真実を見通す智慧を養うこと

これとは別に、後期パーリ文献で説かれる南方上座部の十波羅蜜も存在する（古山［1997］）。十波羅蜜が説かれるのは『ジャータカ』『アパダーナ』『チャリヤー・ピタカ』およびその注釈文献であり、いずれもその成立は遅い。またその項目も、大乗の十波羅蜜と重なるものや南伝独自の項目もあるが、それを示せば以下のとおり（なお各波羅蜜の説明は資料によって同じではないが、ここでは『清浄道論《しょうじょうどうろん》』の説明を付す）。

①布施波羅蜜：「この者には与えるべきである。この者には与えるべきではない」と区別しないで、すべての衆生にとって楽の原因である布施をする
②戒波羅蜜：衆生を害することを回避しながら、戒を受持する
③出離《しゅつり》波羅蜜：戒を円満にするために出離（出家）を選ぶ

④慧波羅蜜：衆生の利益・不利益に対して迷妄しないために慧を完全に浄らかにする
⑤精進波羅蜜：衆生の利益や幸福のために常に精進を策励する
⑥忍辱波羅蜜：最上の精進により勇敢な状態に達しても、衆生がさまざまな種類の害を加えることを忍ぶ
⑦真実波羅蜜：「私はこれをあなたに与え、行う」と言ってなした自言を違約しない
⑧決定《けつじょう》波羅蜜：衆生の利益や幸福のために不動の決定を生じる
⑨慈波羅蜜：衆生に対する不動の慈によって恩人となる
⑩捨波羅蜜：捨によって返礼を求めない

なお、『チャリヤー・ピタカ』の注釈書は十波羅蜜と大乗の六波羅蜜の対応関係を示しているので、それを最後に紹介しておく。

十波羅蜜		六波羅蜜
①布施波羅蜜	↓	布施波羅蜜
②戒波羅蜜	↓	持戒波羅蜜
③出離波羅蜜	↓	持戒波羅蜜・禅定波羅蜜、あるいは全六波羅蜜
④慧波羅蜜	↓	般若波羅蜜

⑤精進波羅蜜　↓　精進波羅蜜
⑥忍辱波羅蜜　↓　忍辱波羅蜜
⑦真実波羅蜜　↓　持戒波羅蜜・般若波羅蜜
⑧決定波羅蜜　↓　全六波羅蜜
⑨慈波羅蜜　↓　禅定波羅蜜
⑩捨波羅蜜　↓　禅定波羅蜜・般若波羅蜜

弘誓の大鎧

六波羅蜜をしめくくるにあたり、「弘誓《ぐぜい》の大鎧」について触れておく。この原語は「マハーサンナーハ・サンナッダ（mahāsannāha-sannaddha）」であり、「大鎧で武装した」を意味する。「作大荘厳／大誓荘厳／被大（功徳）鎧／被大（乗）鎧／被精進甲」などと漢訳されるが、この語は初期経典のみならず、部派の文献にも現れず、大乗仏教特有の用語であるから、逆にいえば、ここに大乗仏教の特質がよく現れている。菩薩はこの大鎧に身を固めて菩薩行を実践するが、『大宝積経』「被甲荘厳会《ひこうしょうごんえ》」はその目的を「無上正等菩提のため、衆生を救済するため、六波羅蜜を実践するため、衆生を安楽にするため、衆生の煩悩を退治するため、また魔・魔の眷属・外道等と戦うためである」と説明する。

菩薩行を実践するのは困難であり、自分の弱い心も含め、さまざまな敵と戦うことになるから、これは戦士が戦場に向かうさいに鎧で身を固め、武装することに喩えたものである。では、この鎧とは具体的に何を意味しているのか。さまざまな文献でさまざまな説明がなされるので、この意味内容を何か一つに確定することは難しいが、おおむね六波羅蜜のどれかで説明されている。

さきほどこの訳語を示したが、その中に「被精進甲」があったように、まずは「精進波羅蜜」との関連を指摘することができる。一方で「弘誓の鎧」とも言われるので、これは誓願とも関係する。誓願は最終的に覚りを目指すから、その意味で般若波羅蜜とも関連する。具体的な誓願を立て、それをやり遂げるには精進力が不可欠であるから、これも精進波羅蜜に含めて考えることができよう。

また『未曾有正法経《みぞうしょうぼうぎょう》』には「菩薩はいかにして精進鎧を被て、無上正等菩提に赴くのか」を問うているが、これも「鎧」の内容が「精進波羅蜜」であることを示している。一方、『大宝積経』には「忍辱鎧」という言葉もあるので、「忍辱波羅蜜」とも関連する。さらに『大智度論』は、「大荘厳を発すれば、衆生の能く破壊する者あることなし。若し菩薩に禅定の心なく、未だ欲を離れざれば、余の波羅蜜を行ずといえども、則ち壊し易し」とあるように、大荘厳を維持するには禅定による心の集中が必要であるとも説くので、禅定波羅蜜との関係も指摘できよう。

ともかく、心の集中（禅定波羅蜜）を基礎に、あらゆる困難に耐え忍び（忍辱波羅蜜）、誓願の実現に向けて精進努力し（精進波羅蜜）、最終的に覚りを獲得する（般若波羅蜜）過程において、大鎧で武装することは必要不可欠なのである。はるか未来の成仏を目指して進みゆくことを決意した菩薩を形容するのに、戦いに挑む決意を固め、鎧の各パーツを身にまとって気分を高揚させていく戦士の姿ほどふさわしいものはない。

二　大乗仏教徒の守るべき戒（菩薩戒）

大乗仏教の担い手

つぎに大乗教徒の戒の問題を考えるが、その前に明らかにしておかなければならないことがある。それは大乗仏教の担い手（大乗教徒）が出家者か在家者かという問題だ。出家者と在家者とでは、守るべきルールが違うからである。

仏教徒の遵守すべき規則は「戒律」と呼ばれるが、本来「戒」と「律」とは別物で、その性質はずいぶん異なる。戒は在家者に対する「自発的道徳」、律は出家者に対する「他律的規則」といえるが、それを破った場合、前者に罰則はないが、後者には罰則がともなう。ではこれを前提に、誰が大乗仏教の担い手だったのかを整理してみよう（平岡［2015: 23-30］）。

ブッダの死後一〇〇年あるいは二〇〇年が経過すると、和合を保っていた教団は分裂し、最終的には二〇ほどの部派に分裂したことはすでに指摘したが、この部派の伝える歴史書などの記述に基づき、大乗仏教は大衆部から現れたという説が最初は支持された（平川［1989: 14–15］）。これは「大乗仏教大衆部説」とも言うべきものであり、これは伝統的な出家者の教団が大乗仏教の母体となったという説であるが、平川は従来の説を覆す研究成果を発表した（平川［1989; 1990］）。

簡単に言えば、大乗仏教の担い手は出家者ではなく、在家者であると平川は主張したのである。大乗経典には出家者を批判している記述が多く見られることなどを根拠に、僧団の管轄外だった仏塔に依止していた在家信者が大乗仏教の担い手であったと主張したので、平川が提唱した説は「在家仏塔起源説」とも呼ばれる。

以降、日本ではこの平川説の影響力は絶大で、学界を風靡し、大乗仏教の起源の問題はほぼ決着がついたかに見えた。しかし、一九八〇年代後半より、洋の東西を問わず、平川説に疑義が呈されはじめる。海外ではその嚆矢がショペン（Schopen［1975］）であり、碑文等の記述に基づき平川説を批判した。仏塔に布施したり仏塔を巡る宗教活動に関わっていたのは、圧倒的に出家者であり、在家信者ではないという。

一方、日本でも平川説を否定する研究者が現れた。下田［1997］は、仏塔崇拝が部派教団と密接に関わりがあること、大乗経典に散見する仏塔関連の記述が部派の律蔵の記述と一致していることなどを理由に、平川説の問題点を指摘した。下田と同様に、平川説の再考を迫ったのが佐々木［2000］である。その論点はいろいろあるが、ポイントは以下の点である。

大乗経典等には声聞（乗）を批判する記述が数多くみられるため、平川はその担い手を在家者に求めた。つまり、平川の考える当時の僧団の状況は「僧団＝声聞乗の比丘」を前提にしているが、佐々木は当時の僧団を「僧団＝声聞乗の比丘＋声聞乗に属さない比丘」と想定する可能性もあると考え、この「声聞乗に属さない比丘」こそが大乗仏教の担い手である「出家の菩薩」であったと推定するのである。

平川の指摘のように、在家生活を送る菩薩が存在したことも大乗経典の記述からたしかであるから、大乗の菩薩は出家者と在家者の両方にまたがって、存在していたことになる。よって、ここでは大乗仏教の菩薩を「出家者と在家者の両方を含む概念」と理解して論を進めることにする。

戒と律

さらにもう一つ、持戒波羅蜜について考察する前に、戒と律との違いについて説明しておく。「戒律」とも表現されるが、本来、戒と律とは性格が異なる。齊藤［2017: 5-7］を参考に、両者の違いを明確にしよう。人間は社会的な生物であるから、その社会生活を円滑にするには、何らかのルールが必要だ。本来は内なる良心によって自らの行動を制するのが理想だが、人間には良心とともに煩悩も共存しているため、良心のみに頼っていては問題が発生する。そこで、外部から人間の行動を規制する法律も必要となる。この両者の相互作用により、現実的には社会の平和が保たれることになる。

道理・道徳・倫理を明確に定義することは難しいが、齊藤は、道理を「ものごとの正しい道筋や、人として行うべき正しい理（ことわり）」と定義し、道徳と倫理を統合する概念とする。そして道徳を「人間が生きていくにあたって主体的に判断する規範で、あくまでも個人的な善悪の基準／地域・時代・文化に影響されず、多様性がなく、変化しない」、また倫理を「規程として定められ文章化され、義務として他者から一方的に課せられるもの／地域・時代・文化に影響され、多様性があり、変化する」と定義し、道徳と倫理のそれぞれをさらに世間と出世間とに分けて、以下のように整理する。

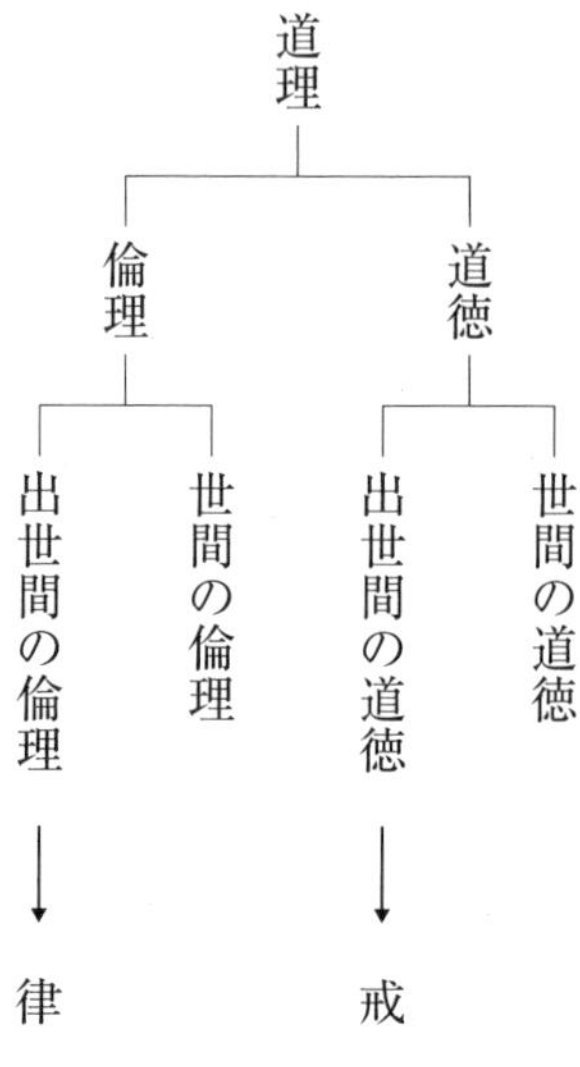

つぎに、原語レベルで両者の違いを比較する。「戒」の原語は「シーラ（śīla）」だ。これは「繰り返して実践する」を意味する動詞√śīlの名詞形なので、戒は「行為・習慣・性質・道徳」などを意味する。つまり、善なる行為を何度も繰り返して実践することで、善の実践を習慣化することである。一方、「律」の原語は「ヴィナヤ（vinaya）」だ。これは「除去する／教育する／罰する」を意味する動詞vi√nīの名詞形なので、律は「教育的な指導」という意味を帯びた「規律」といえよう。

この律には大きく分けて二つの側面がある。一つは覚りに資する規則は学処《がくしょ》（対個人／男性の出家者〔比丘〕で二五〇、女性の出家者〔比丘尼〕で三五〇ほどの規則があり、部派による異なりはほとんどない）といい、もう一つは僧団運営のための規則（対集団／部派によって、その内容は大きく異なる）である。

戒に罰則はない。戒を破れば、自ら反省すればよいが、律は法律に相当するので、それを破れば罰則が適用される。その罰も犯した罪の程度に応じて段階がある。最も重い罪は波羅夷罪であり、僧団追放（＝僧籍剥奪）となるが、最も軽微な罪は心の中で懺悔するだけのものもある。また律の特徴として「随犯随制《ずいぼんずいせい》」がある。これは、未犯の罪を想定して規則を制定するのではなく、已犯の罪に対してその都度、規則が制定されることをいう。よって制定前の初犯の者が罰せられることはなく、規則制定後は第二犯の者から罰則が適用されることになる。

持戒波羅蜜の内容――十善業道《じゅうぜんごうどう》

では、大乗仏教の担い手である菩薩は出家者と在家者にまたがって存在していたこと、また戒と律とは本来異なり、戒は自発的道徳であるということを前提に、菩薩の持戒波羅蜜について考えてみよう。

大乗経典は持戒波羅蜜の具体的な内容を「十善業道」と定義する。たとえば『摩訶般若波羅蜜経』「大乗品」では、持戒（＝尸羅：śīla）を「云何が尸羅波羅蜜と名づくるや。須菩提よ、菩薩摩訶薩は応に薩婆若（全智）に応ずる心を以て、自ら十善道を行じ、亦た他に十善道を行ぜしむ。無所得を以ての故に。是れを菩薩摩訶薩の尸羅波羅蜜と名づく」（T. 223, viii 250a13-16）と説明し、明快に持戒波羅蜜が十善道であることを示す。十善業道とならんで、「五戒《ごかい》」や「八斎戒《はっさいかい》」といった在家的な戒、またまれに出家者の律「波羅提木叉《はらだいもくしゃ》」に言及する場合もあるが、大勢としては十善業道である。

ではここで、十善業道および五戒（八斎戒）の内容を簡単に説明しておこう。まずは十善業道から。その内容を列挙すれば、以下のとおりである。

①不殺生《ふせっしょう》（生物の命を奪わない）
②不偸盗《ふちゅうとう》（他人のものを盗まない）
③不邪淫《ふじゃいん》（不倫をしない）
⑥不悪口《ふあっく》（人の悪口を言わない）
⑦不両舌《ふりょうぜつ》（二枚舌を使わない）
⑧不貪《ふとん》（貪りの心を起こさない）

④不妄語《ふもうご》（嘘をつかない）　⑨不瞋恚《ふしんに》（怒りの心を起こさない）
⑤不綺語《ふきご》（無駄なお喋りをしない）　⑩不邪見《ふじゃけん》（誤った見解を抱かない）

十善業道は「十善」とも呼ばれるが、初期経典では「戒」とは見なされず、十悪業道（十善業道の逆）と並び、道徳の徳目・善悪の基準を示すものとして扱われた。十善に合致すれば善、しなければ悪というわけだ。この十種に関係のない行為は「業」とはならない。善でも悪でもない行為は業報（業の結果）を残さないからである。これを「業道」と呼ぶのは、これら十種の行為により業が成立する点で、これらの業の通る道とみる（平川［1990: 16-17］）。伝統仏教では道徳の徳目・善悪の基準であった十善業道を、大乗教徒は「十善戒」と位置づけ、持戒波羅蜜の内容とした。なお、十善業道の①～③は身業、④～⑦は口業、そして⑧～⑩は意業に関わるので、「身三／口四／意三」とも表現される。つづいて、五戒と八斎戒の内容を紹介しよう。

五戒
①不殺生戒（生物の命を奪わない）
②不偸盗戒（他人のものを盗まない）
③不邪淫戒（不倫をしない）

④不妄語戒（嘘をつかない）
⑤不飲酒戒《ふおんじゅかい》（酒類を飲んで酔っ払わない）
八斎戒＝五戒＋以下の三戒
⑥不得過日中食戒《ふとくかにっちゅうじきかい》（正午以降は食事をしない）
⑦不得歌舞作楽塗身香油戒《ふとくかぶさがくずしんこうゆかい》（歌舞音曲を見聞せず、装身具や香水を身につけない）
⑧不得坐高広大床戒《ふとくざこうこうだいしょうかい》（贅沢なベッドで寝ない）

五戒の①〜④は十善業道の①〜④に相当し、それに⑤の不飲酒戒を加えて五戒とする。また八斎戒で新たに加わる三つの戒は、いずれも出家者の守るべき規則で、斎日にかぎって少しだけ在家者が出家者の生活を経験するためのものであった。

ともかく、大乗経典は持戒波羅蜜の内容を十善戒とすることから、平川は大乗仏教の担い手である菩薩を「在家者」と推定したが、これに対して佐々木［2000: 319–321］は反論を加える。まず、伝統仏教で戒とは見なされていなかった十善業道が大乗仏教で新たに菩薩の戒として取り入れられたのは、菩薩が「出家者／在家者」という分類に対応しない、新たな形態で存在したからだと推論する。

また大勢は十善戒だとして、在家者の五戒や八斎戒、あるいは出家者の波羅提木叉も持戒波羅蜜の内容として説かれるのは、当時の菩薩集団が出家者と在家者とにまたがっていたことの証左になるという。最初期の大乗仏教が在家と出家の混成状態にあったとすれば、両者を統括する戒として新たに導入された十善戒が菩薩の戒として大乗経典の中に頻出するのは当然である。全体を統括する十善戒と、在家者・出家者にそれぞれ振り分けられる個々の戒、という二重構造を考えれば、多くの大乗経典に波羅提木叉が現れることも素直に了解できようと佐々木は指摘する。

十善戒と三聚浄戒《さんじゅじょうかい》

では十善戒に関連し、三聚浄戒も解説しておく。これは、悪を離れること（止悪）、善を実践すること（行善）、そして衆生を利益すること（利他）、の三つを指す。これは菩薩戒の一つの帰結と考えられ、中国や日本の大乗戒思想の展開に大きな影響を与えた（沖本［1981: 199］）。とくに中世以降、日本仏教で重要な大乗仏教の戒は円頓戒《えんどんかい》（天台宗や浄土宗に伝わる最高の大乗戒で、その具体的内容は三聚浄戒）であり、この戒がさまざまな利他行を実践する際の根拠となる。では、齊藤［2017: 58 ff.］に基づき、その起源をインド仏典に探ってみよう。その初出は『華厳経』であり、そこでは十善業道が説かれた後、つぎの三段階にわたって説明がなされる。

①十善道に背反する十不善（＝十悪）から遠ざかるべきである

②十善道を実践すべきである
③十善道を他者に勧めて実践させることが菩薩の戒法である

ここではこれを「三聚浄戒」等と称してはないが、三聚浄戒の理念が表明されていることは明らかだ。ではこれを「三聚浄戒」等の呼称で特別視したのは誰かというと、〈十地経〉の注釈書『十地経論』を著した世親と考えられる。世親は先述の十善業道を釈して、十不善道から遠ざかることを「離戒浄」、十善道を実践することを「摂善法戒浄」、そして十善道を他者に勧めることを「利益衆生戒浄」と命名し、この三つを総称して「三種戒」と呼ぶ。つまり、『十地経論』は『華厳経』を承け、十善道を三種戒によって整理解釈したといえよう。

さらに、この三種戒は瑜伽行《ゆがぎょう》系の仏典である『菩薩地持経《ぼさつじじきょう》』において「三聚浄戒」の名の下に「律儀戒／摂善法戒／摂衆生戒」、『瑜伽師地論《ゆがしじろん》』では「律儀戒／摂善法戒／饒益有情戒」、『菩薩善戒経《ぼさつぜんかいきょう》』では「戒／受善法戒／為利衆生故行戒」、さらに『菩薩瓔珞本業経《ぼさつようらくほんごうきょう》』（中国撰述の経典）では「摂律儀戒／摂善法戒／摂衆生戒」と明示されるようになる。摂律儀戒と摂善法戒とは旧来の仏教でも説くところであるが、利他に関する「摂衆生」を戒として説くところに、大乗仏教の特徴が如実に表れている。

さて、この十善業道は伝統仏教以来説かれているし、その内容自体は「自利」に関するものであるから、「利他」を重視する大乗仏教側が批判する小乗仏教の実践徳目と何ら変わるところがない。かといって内容を変えるわけにもいかないから、その位置づけを変えようとした。その一つが、さきほどみた三聚浄戒の「摂衆生戒」という解釈である。さらに別の解釈を施すことで、大乗の十善道が小乗の十善道とは異なることを示そうとする。その解釈を紹介しよう。文献は同じく『華厳経』である。

又た是の十善道は、智慧と和合して修行するも、若し心は劣弱にして少功徳を楽い、三界を厭畏し、大悲心薄く、他より法を聞かば、声聞乗に至る。

若し是の十善道を行ずるも、他より聞かず、自然にして知を得、大悲方便を具足すること能わず、而も能く深く衆の因縁法に入らば、辟支仏乗に至る。

若し是の十善道を行じ、清浄具足し、其の心は広大無量無辺にして、衆生の中に於いて大慈悲を起こし、方便力あり、志願堅固にして一切衆生を捨てず、仏の大智慧を求め、菩薩の諸地を浄め、諸波羅蜜を浄め、深広なる大行に入らば、則ち能く仏の十力・四無所畏・大慈大悲を得、乃至一切種智を具足し、諸の仏法を集む。是の故に、我れ応に十善道を行じ、一切智を求むべし（T. 278, ix 549a15–26)。

このように、同じ十善道を行じても、行ずる人の心構えや思いによって、得られる果報に「声聞乗／独覚乗（辟支仏《びゃくしぶつ》乗）／菩薩乗」という三乗の違いがあると説明するのである。従来の仏教と共通の基盤（十善道）を用いれば、大乗仏教側はそれを違った形で差異化する必要があったのであり、その差異化の手段が三聚浄戒（とりわけ摂衆生戒）であり、心構えの違いを説くことであった。

円頓戒

つぎに、三聚浄戒の中国・日本的変容を説明する。インドの三聚浄戒は、十不善道を止め（止悪）、十善道を行じ（行善）、他者に十善道を実践させる（利他）というように、すべて十（不）善を中心に説かれていたが、これが中国仏教を経て日本仏教に受容されると「円頓戒（あるいは「円戒」）」という名で説かれるようになり、その各項目にも変化がみられ、十善道と関連づけて説かれることはなくなってしまう。

中国では「円戒／円頓法／円頓機／円頓止観」という呼称はあるが、「円頓戒」と呼ばれることはなかったようである。それはともかく、円頓戒の根拠は、『法華経』『菩薩瓔珞本業経』『梵網経』の三経に求められ、「円頓戒三部経」と称される。このうち、どの経を主（正依）となし、どの経を従（傍依）とみるかは、宗派や仏教によって異なるが、ともかくこの三部経によって円頓戒を組織すると、以下のようになる（齊藤［2017: 77］）。

理念＝『法華経』に説かれている菩薩の道徳精神（抽象的なスローガン）

実践＝『菩薩瓔珞本業経』に説かれている三聚浄戒（具体的な実践項目）

三聚浄戒
- 摂律儀戒《しょうりつぎかい》（止悪）――十重四十八軽戒《じゅうじゅうしじゅうはっきょうかい》（『梵網経《ぼんもうきょう》』所説）
- 摂善法戒《しょうぜんぼうかい》（行善）――六波羅蜜などの諸善万行
- 摂衆生戒《せっしゅじょうかい》（利他）――四無量心《しむりょうしん》・四摂法《ししょうぼう》・四弘誓願

十重四十八軽戒とは、不殺生等の五戒を含んだ重い十の戒と、飲酒や肉食などを禁ずる四八の軽い戒であり、それが摂律儀戒の具体的内容となる。以下、十重戒の各内容を簡単に示す（齊藤［2017: 108–111］）。

①殺戒《せっかい》：衆生を故意に殺さず、また人にも殺させず、むしろ慈悲心と孝順心をもって適切な手当てを用いて救済し擁護する

②盗戒《とうかい》：一切の財産を故意に盗まず、また人にも盗ませず、むしろ仏性の孝順心と慈悲心をもって、一切衆生を扶助して幸福と安楽を施す

③淫戒《いんかい》：異性に対して故意に淫をせず、また人にも淫をさせず、むしろ孝順心と慈悲心をもって、一切衆生を救い、罪なき清らかな行為、自行化他をもって接する

④妄語戒《もうごかい》：偽の言葉を語らず、また人にも虚偽の言葉を語らせず、むしろ正しくものごとを見

つめ、正しい言葉を用い、さらに一切衆生にも正しく見、正しく語るようにさせる

⑤酤酒戒《こしゅかい》：顛倒・昏迷・作罪の原因となる酒類を販売することなく、また人にも販売させず、むしろ一切衆生に道理に明るく分別ある智慧を生じさせる

⑥説四衆過戒《せつししゅかかい》：四衆（出家菩薩・在家菩薩・比丘・比丘尼）の過失を吹聴せず、また人にも吹聴させず、むしろそのような人を見かけたならば、慈悲心をもって教え導き、大乗仏教の善信を生じさせる

⑦自讃毀他戒《じさんきたかい》：自らの功績を称賛し、他者の過悪を謗らず、また人にもそうさせず、むしろ自分が謗りを甘んじて受け、称賛は他者に対して施す

⑧慳惜加毀戒《けんじゃくかきかい》：物品を求める貧者や仏法を求める信者に対し、悪しき心や怒りによって施しを惜しんだり罵ることなく、また人にもそうさせず、むしろ求めてくる者には惜しみなく与える

⑨瞋心不受悔戒《しんじんふじゅけかい》：粗暴な言葉で人を罵り、手や武器によって危害を加えることなく、また他人の謝罪に対しては、怒りの心をもってこれを拒絶することなく、人にもそうさせず、むしろ怒りや争いのない善根と慈悲心を持って接する

⑩謗三宝戒《ほうさんぼうかい》：三宝（仏・法・僧）を誹謗せず、人にも誹謗させず、むしろそのように誹謗する外道・悪人・邪見の人を見たならば、信心と孝順心を生じさせる

戒の内容自体は自己の行動を制する（自利）ものだが、他者にもそうさせない（利他）ことを誓っている点が大乗戒らしいところだ。また『梵網経』は十重戒を説明した後、その戒を制定する理由も併記するが、すべてにおいて「そうすることは菩薩の行為ではないので制せられる」という一文が付されている点にも注意しておく。

一方、摂善法戒は大乗仏教らしく六波羅蜜、そして摂衆生戒は「慈（衆生を慈しむ心）・悲（衆生を憐れむ心）・喜（衆生の幸福を喜ぶ心）・捨（衆生を平等に見なす心）」を意味する「四無量心」や、布施（施しをする）・愛語（優しい言葉をかける）・利行（衆生を利益する）・同事（衆生に平等に接する）という「四摂法」などの項目が挙げられている。このように、円頓戒では十善道が姿を消し、三種の戒それぞれに実践すべき項目が立てられている点を指摘しておこう。ともかく、日本仏教ではこの円頓戒（あるいは三聚浄戒）が利他行の根拠となる。

受戒作法

では船山［2011］に基づき、受戒の作法を説明しよう。インドの大乗仏教で菩薩戒の受戒が実際にどう行われたかは不明だが、中国仏教では五世紀以降重視され、中国特有の新たな経典（疑経／偽経）を産出し、漢字文化圏の仏教にとって重要な意味を持つようになった。菩薩戒には、理想の修行者像から出家者の戒律の実体的あり方、そして真摯な信者や形ばかりの信者に至るまで、さまざまなレベルで東アジア仏教の重要な一面を性格づけている。船山は『高僧《こうそう》伝《でん》』所収の曇無讖《どんむせん》（Dharmakṣema）伝にみられる道進《どうしん》の受戒の内容を紹介し、当時の中国における菩薩戒の受戒の様子を紹介している。

沙門の道進が曇無讖から菩薩戒をうけたいと願い出た。曇無讖は「まずは過去の罪過を悔い改めよ」と勧めた。道進は七昼夜懺悔を行い、翌日に曇無讖に受戒を求めると、曇無讖は彼を怒鳴りつけた。罪過がまだ尽きていないと考えた道進は三年に亘って瞑想と懺悔に励むと、瞑想中に釈迦牟尼仏が諸菩薩とともに戒を授けてくれるさまを目の当たりにした。その晩、彼と一緒に生活していた人々も皆、道進が見たのと同じ様子を夢中で体験した。この様子を曇無讖に告げようと出かけると、曇無讖は驚いて、「素晴らしい、お前はすでに菩薩戒を感得している。私は授戒の証人となろう」と言った。そして曇無讖は彼のために順序どおりに仏像の前で戒の具体的諸項目を説明した（抄訳）。

ここで注目すべきは、受戒に必要不可欠な条件が「懺悔の徹底」ということだ。それが実際に三年かどうかは別にし、菩薩戒を受けるには、相当期間、まず徹底した懺悔を行い、自らの心を清らかにすることが求められ、その結果、道進は瞑想の中でブッダから直に戒を授かっている。このように戒を授ける主体が仏であることは、菩薩戒の特徴の一つであると、船山は指摘する。

伝統仏教では戒は比丘から授けられるので、この受戒方法を「従他受戒《じゅうたじゅかい》」という。この師資相承を遡ればブッダに行き着くので、結局、戒は間接的にはブッダから授かることになる。一方、『高僧伝』の用例のように、菩薩戒では、瞑想（＝三昧）や夢中で仏や菩薩から直接に戒を授かることになる。この場合、仏や菩薩に自ら誓願を表明することになるので、この受戒方法を「自誓受戒《じせいじゅかい》」という。この受戒では見仏が前提条件となり、そのためには懺悔の徹底が力説される。ここにも、禅定波羅蜜および三昧が大乗仏教で重視される要因が存在する。

ただし、瞑想（三昧）での見仏は困難であるから、時代が下ると自誓受戒の儀礼は仏像の前で行われ、受戒希望者は仏像に向かって自ら直接に諸仏・諸菩薩に語りかけて受戒を果たすことになる。また菩薩行は発菩提心にはじまり、成仏をもって終るから、受戒作法では戒師によって「菩薩としての自覚を有しているかどうか」と「菩提の誓願（発菩提心）を済ませているかどうか」が問い質されることになる。

第四章　菩薩の階位

一　伝統仏教の修行階梯

仏伝にみられる覚りへの道——ブッダと仏弟子の伝承

覚りへの道は長くて厳しいが、実際にどれほどの時間を使えば、覚りを開けるのか。ブッダの教えも後代の仏教徒によって整理体系化されると、複雑な様相を呈し、精緻に階層化されるが、その最初期において覚りへの道のりはどう説かれていたのか。菩薩の修行階梯を説明する前に、まずは仏伝を手がかりに最初期の様子と、伝統仏教における修行の階層化を概観する。菩薩の階位は伝統仏教の修行階梯を前提とするからだ。

仏伝によれば、ブッダは二九歳で出家し、六年間の苦行を経て、三五歳のときに覚りを開いたと記されるのみで、そこに複雑な修行階梯は出てこない。そして、苦行を放棄したブッダは菩提樹の根元に坐り、縁起の理法に目覚めてブッダになった。そして覚りの喜びに浸っていたブッダのもとに梵天が現れ、説法を懇願すると、その要請を受けてブッダは修行時代の仲間である五人の修行者に対して、最初の説法を行った。

この説法を聞いた五比丘は歓喜してブッダの説法を信受したが、最初にカウンディンニャに法眼《ほうげん》が生じた。そこでカウンディンニャはブッダに出家を申しで、具足戒を授けてくれるよう懇願する。そこでブッダは彼の出家を認め、梵行《ぼんぎょう》を修するように告げた。この後、ヴァーシュパ、バドリカ、マハーナーマン、アシュヴァジットも同様に法眼を生じ、ブッダに出家を申し出ると、具足戒《ぐそくかい》を受けて比丘となった。そして最後につぎのような表現がみられる。

世尊がこう言われると、心を喜ばせた五人衆の比丘は、世尊が説かれたことに歓喜した。〔世尊が教えを〕このように説明されていたとき、五人衆の比丘の取著はなくなり、諸漏より心は解脱した。そのとき、世間に阿羅漢は六人となった（Vin. i 14.32-37）。

この表現から、五比丘が全員、阿羅漢となったことがわかる。この後、ヴァーラーナシーの長者の子ヤシャスもブッダの教えに会い、出家を願い出て比丘になると阿羅漢になり、またヤシャスの友人四人も出家し、阿羅漢になったと説かれる。ブッダの成道後、彼の教化によって出家し、覚りを開いて阿羅漢になった仏弟子は、それほど長い時間を要せずして覚りを開いていることが確認される。そこには後代にみられるような複雑な修行の階梯はみられないが、これが原初の姿だ。

四双八輩《しそうはっぱい》／四向四果《しこうしか》

しかし仏滅後、ブッダの教えを体系化し整理する時代を迎えると、入信してから出家して覚りを開くまでの過程が精緻に階層化されていく。時間的には、ブッダの神格化にともない、覚り自体も絶対化され、六年の修行で覚りは達成されたのではなく、燃灯仏授記の話に基づき、永劫の輪廻を繰り返しながら菩薩として修行を積んだ結果、今生において成道したと見なされるようになる。では伝統仏教の修行の階梯をみていこう。

一口に伝統仏教の修行階梯といっても、その内容は多数の部派を反映して、多様性に富んでいる。たとえば、南方上座部の修道哲学書として重要な『清浄道論』では「七清浄」が説かれ、覚りまでに七つの段階が設けられる。このほかにも初期経典の中には、修行の出発点から阿羅漢の覚りに至るまでの道程を十七段階に分けて説明するものもあるが、これは特殊な例であり、伝統仏教の修行階梯は一般的に「四双八輩」あるいは「四向四果」として説かれる。

まずはそのもととなる四沙門果を概説するが、その前提となる「三界《さんがい》」について簡単にまとめておこう。これは仏教の世界観を示し、衆生が輪廻する領域を、欲界《よくかい》・色界《しきかい》・無色界《むしきかい》の三つに分けたものである。一番下の欲界はさらに、地獄・餓鬼・畜生・阿修羅・人・天の六種に分類される。その上の色界は欲を離れた清らかな世界で、絶妙な物質（色）から成る。そして最上の無色界は、物質を超えた世界であり、精神のみが存在する世界である。ではこれに基づき、四沙門果の各項目を説明しよう。

①預流果《よるか》（須陀洹果《しゅだおんか》）：聖者の流れに入り、欲界の人と天の間を最大七回生まれ変わって覚りを開く位
②一来果《いちらいか》（斯陀含果《しだごんか》）：人と天の間を一回往来して覚りに至る位
③不還果《ふげんか》（阿那含果《あなごんか》）：欲界には再び還らず、色界に上って覚りに至る位
④無学果《むがくか》（阿羅漢果）：今生の終りに覚りに至り、再び輪廻しない位

この説明は、輪廻（生まれ変わり）という観点から修行の進捗を説明したものであり、四つの段階を経て覚りに向かうことはわかるが、具体的にその段階で何をどうすればよいかはわからない。そこでつぎに、各項目を「向（そこに向かう段階）」と「果（そこに達した結果）」という二つに分け、「煩悩を断じる」という観点から整理すると、つぎのようになる。

①預流向：四聖諦を観察する段階（＝見道位）。三界（欲界・色界・無色界）の煩悩を断じつ

つある状態

②預流果：見道の煩悩を断じ、三悪道（地獄・餓鬼・畜生）に堕ちることがない状態

③一来向：四聖諦の観察を繰り返す段階（＝以下、無学向まで修道位）。欲界の修道の九種の煩悩のうち、六種の煩悩を断じつつある状態

④一来果：その六種の煩悩を断じ終わった状態

⑤不還向：一来果で断じることができなかった残りの三種の煩悩を断じつつある状態

⑥不還果：その三種の煩悩を断じ終わった状態

⑦無学向：不還果を得た聖者がすべての煩悩を断じつつある状態

⑧無学果：すべての煩悩を断じ終わった状態（＝無学位）

断じる煩悩の種類や程度に応じて輪廻の状態（＝修行の深まり）を説明するのが「四双八輩／四向四果」だが、これを三つに分けると、①預流向は見道位（四聖諦の理を明らかに理解する位）、②預流果〜⑦無学向は修道位（修行を繰り返して煩悩を断じる位）、そして最後の⑧無学果が無学位（一切の煩悩を断じ、学ぶことがなくなった位）となる。この四双八輩に入った者は「聖者《せいじゃ》」と呼ばれるが、当時の最大部派である説一切有部では「聖者（ārya）」になる前に「凡夫《ぼんぶ》（pṛthag-jana）」の段階を設け、この凡夫の階梯もさらに細分化される。詳細は煩瑣なので、ここでは「外凡夫《げぼんぶ》」と「内凡夫《ないぼんぶ》」の二種があり、修行の過程では、外凡夫が下位、内

凡夫が上位となるという説明に留める。

「凡夫」は中国や日本の浄土教において重要な意味を持つ術語になるが、伝統仏教においては聖者に入る前の「四聖諦の理を知らない人」というほどの意味しかなかった。ともかく、大乗仏教以前の伝統仏教はこのように修行の段階を踏んで覚りを開くと考えるようになったのであり、大乗仏教も基本的にこのような伝統を踏襲することになる。

三乗――声聞乗・独覚乗・菩薩乗

まずは菩薩の階位の前提となる三乗についてまとめておく。伝統仏教の経典に声聞(śrāvaka/sāvaka)・独覚(pratyekabuddha/paccekabuddha)・菩薩(bodhisattva/bodhisatta)の語はみられるが、それに「乗(yāna)」を付した用語はないし、ましてやその三乗の優劣を論じた記述もない。三乗は明らかに大乗仏教徒の創作であり、自らの立場を菩薩乗、旧来の伝統仏教を二乗(声聞乗・独覚乗)とし、二乗をカウンターとして自らのアイデンティティを確立しようとした。

「声聞」の原語「シュラーヴァカ(śrāvaka)」は動詞√śru(聞く)に由来する名詞で、「ブッダの声を介してその教えを聞く者」、すなわち「仏弟子」を意味する。この声聞はさきほどみた四沙門果あるいは四双八輩に従い、最終的に阿羅漢になることを目指す出家修行者である。よって、その具体像を想像することは難しくないだろう。

一方、独覚の具体的な姿を思い描くのは容易ではない。経典をみても、その具体的な記述がないからだ。またその名前の由来も詳らかではないし、意味内容も確定していない。「誰にも頼らず単独で（pratyeka-）覚った者（-buddha）」（独覚）、あるいは「縁〔起〕（pratyeka-→ ratītya-）を覚った者（-buddha）」（縁覚）とも解釈されるが、定説はない。おそらく仏教外の修行者で、そのように呼称されていた者がおり、-buddha と呼ばれていることから、呼称の同一性ゆえに仏教内部に取り入れられたと考えられるが（平岡［2006］）、ともかくこの二乗が伝統仏教を代表する二つの立場として、菩薩乗のカウンターとなり、また大乗仏教側からの批判の対象となる。

大乗経典の成立は長期に亘るが、膨大な大乗経典のうち成立が極めて古い般若経は、声聞乗と独覚乗の二乗を徹底的に批判する。自らの立場を称揚するためには、そのカウンターである旧仏教の二乗を批判することが必要だからだ。こうして、大乗仏教興起の最初期、大乗教徒は菩薩乗を標榜し、声聞乗と独覚乗とを非難した。大乗教徒が旧仏教を小乗と蔑称したのも同じ主旨である。しかし大乗経典のすべてが、三乗に対して同じスタンスを取ったわけではない。

菩薩乗 vs. 二乗（声聞乗・独覚乗）や大乗 vs. 小乗という対比はわかりやすいが、「大乗 vs. 小乗」は矛盾を孕んでいる。大乗仏教はすべての衆生に成仏の可能性を認めていながら、小乗を排斥すれば一切衆生を含む「大きな乗物」にはなりえないからだ。最初期では、自らを菩薩と称し、旧仏教を批判することで、自分たちの新たな存在意義を打ち出すことには成功したが、それは同時に自らの教えの普遍性を自ら否定する結果を招いてしまった。この反省のもとに出現したのが〈法華経〉だ。

般若経と同じ思想基盤の上に創作された〈維摩経《ゆいまきょう》〉には、シャーリプトラに対するカーシャパの言葉として、「声聞や独覚はすべて盲者のごとく眼を持たぬ。(中略)機根は完全に破壊され、焼けて腐った種子のごとく、この大乗の器でない我々は、いったいどうすればいいのか」(VN 244.3-8)という表現がある。これに相当する漢訳は「吾等何爲永絶其根。於此大乗已如敗種」(T. 474, xiv 527c16–17)とあり、ここに声聞と独覚を「敗種」(芽を吹く可能性のない種)に喩える強烈な表現がみられる。

このような般若経や〈維摩経〉の大乗は小乗を見捨てる大乗となるので、〈法華経〉は真の大乗を目指して新たな三乗観あるいは大乗観を提示した。それが「一(仏)乗」という考え方だ。〈法華経〉の中でも最も成立が古い第二章「方便品」では「大乗」という語は一度も登場せず、意図的に使用を避けていると考えられるが、その理由はいま説明したとおりである。平川[1983: 14]はこれをつぎのように指摘する。

般若経や維摩経の大乗は「大小対立の大乗」であるが、これでは小乗仏教は一方的に捨てられているのであり、小乗教徒を救済することはできない。とくに声聞を「敗種」として斥ける維摩経では、阿羅漢になった声聞は永久に大乗から排除されることになる。(中略）しかし声聞や縁覚を救済しえない大乗では、完全な大乗とはいえない。（中略）この点に反省がなされて、真の大乗には、小乗教徒も救われる教えがあるべきであるということになったのであろう。このような反省をもった一類の大乗教徒によって、「一切皆成仏」を説く一乗の教えが主張せられるようになったと考えられる。

では、〈法華経〉は二乗と菩薩乗（あるいは一仏乗）の関係をどう考えるのか。これについては〈法華経〉第七章「化城喩品」の有名な譬喩があるので紹介する。隊商主は大きな隊商を引き連れて宝島に出発したが、その途中で大きな森林荒野が現れ、隊商はそれを見て引き返そうとする。しかし隊商主は神通力で都城を化作し、隊商を励まして、とにかくその都城まで行くよう彼らを励まし、同じ手順で順次、彼らを励まし見事にゴールへと誘導する。この譬喩を手がかりに、〈法華経〉と〈維摩経〉の三乗の関係を比較してみよう。

般若経は小乗（声聞・独覚）を否定して大乗を説く。道に喩えるなら、二本の分かれ道があって、一つは小乗に通じる間違った道であるが、もう一つは大乗に通ずる正しい道であるとする。一方、〈法華経〉の場合、道は最初から一本しかない。つまり、声聞乗とか独覚乗とか言われるのは、その一本しかない道の「通過点」にすぎず、そこを「最終的なゴール」と見誤ることの非が説かれるので、その道自体が間違っているわけではない。

成仏するには、般若経の場合、誤った道を進めば、分岐点まで引き返して正しい道を歩みなおさねばならないが、〈法華経〉の場合、道は最初から一乗という一本道しかないので、その途中で止まることなく、その道を歩ききることが求められる。問題は、般若経の場合、誤った道を進むこと、〈法華経〉の場合、化城（通過点）を真城（ゴール）と見誤ることとなる。般若経や〈維摩経〉は菩薩乗と二乗とを別立てするが、〈法華経〉は二乗（小乗・大乗）乃至三乗（声聞・独覚・菩薩）を一（仏）乗に包摂する。「大小対立の大乗」を説く般若経や〈維摩経〉の大乗に対抗すべく、「大小の対立を超克する大乗（一（仏）乗）」を〈法華経〉は目指したのである（平岡［2012: 222］）。

二　四種の菩薩

四つの段階

声聞や独覚と対比される菩薩の階位を説明しよう。菩薩の階位は「十地」が有名だが、それが成立するまでには菩薩の階位を四段階で説明する時期があったので、まずはこの「四種菩薩」をとりあげる（平川［1989］）。菩薩の起源がブッダの本生菩薩（固有名詞）にあり、それを模範として大乗の菩薩（普通名詞）が誕生したから、菩薩の階位についても、まず本生菩薩に注目しなければならない。

大乗仏教後期以前の伝統仏教の時代に、仏伝に関する経典もいくつか編纂された。それをみると、燃灯仏授記以来、ブッダは輪廻を繰り返しながら長時に亘って修行を重ね、最後は兜率天からマーヤーに入胎し、今生において覚りを開いたとされるので、最後の本生菩薩の状態は「一生補処」と形容される。「あと一生涯だけ輪廻し、つぎに生まれ変われば仏になる状態」なので、修行の最終段階を意味した。大乗仏教はこれを模範に普通名詞としての菩薩を誕生させたので、その最初期、菩薩の観念は「一生補処の菩薩」と「凡夫の菩薩（＝誰でもの菩薩）」の二本立てであったと推定される。では凡夫の菩薩がいかにして一生補処の菩薩となるのか。

こうして、菩薩の修行の進展を四つの時期に分ける考え方が誕生する。『マハーヴァストゥ』や『仏本行集経《ぶつほんぎょうじゅっきょう》』は本生菩薩の修行段階について四段階を設定するが、両経でその内容は少し異なる（ここでは『マハーヴァストゥ』の内容を紹介）。

①自性行《じしょうぎょう》（prakṛti-caryā）：転輪王として仏に仕え、善根を植えた時期
②願性行《がんしょうぎょう》（praṇidhāna/praṇidhi-caryā）：商主として、仏前で成仏の誓願を立てた時期
③順性行《じゅんしょうぎょう》（anuloma-caryā）：転輪王として、仏に随順業（＝六波羅蜜？）を実践するという願を発した時期（『仏本業集経』では「六波羅蜜を具足し、成就した時期」とする）
④転性行《てんしょうぎょう》（anivartana/avivartana-caryā）：燃灯仏から成仏の記別を授かり、不退転の位に入った時期

＊『仏本業集経』では最後の段階を「転性行」とするが、本来は「不転性行」であり、「不」の字が失われたものと考えられている。その原語（anivartana/avivartana）および文脈から推定すれば、「不退転」でなければならない

この二経は伝統仏教の文献だが、大乗経典にも四種菩薩の階位が説かれている。それは『小《しょう》品般若経《ぼんはんにゃきょう》』であり、つぎのような段階が設定されている。

①初発心菩薩：初めて菩提心を発こした菩薩（願性行に相当）
②行六波羅蜜菩薩：六波羅蜜を実践する菩薩（順性行に相当）
③不退転菩薩：修行が進み、不退転の位に達した菩薩（転性行に相当）
④一生補処菩薩：あと一回だけ輪廻し、そのつぎの生涯で成仏する菩薩

＊小品系般若経の最古の漢訳『道行般若経《どうぎょうはんにゃきょう》』では、最後の段階を「灌頂菩薩」とする。王子が灌頂の儀式を挙行することで国王に即位することに喩えられているので、「灌頂菩薩」は「一生補処菩薩」と同義と考えてよい

『マハーヴァストゥ』と『小品般若経』の四段階を比較すると、共通項もみいだせるが、明確な関係があるとはいいがたい。ともかく小品系般若経は、本生の菩薩の四段階説にヒントをえ

て大乗独自の階位を設定した。なお、小品系般若経は長い歴史の中で何度も改訂が加えられ、その都度漢訳されたため、インド原典を含めて七種類の異本があり、異本間で四段階の名称に若干の異同がみられる。たとえば「初発心」は「新発意」、「行六波羅蜜」は「久修習／久発心修諸勝行」などであるが、基本的な発想は共通している。

この四種菩薩の階位と伝統仏教の四沙門果説との関係性はどうか。どちらも四段階で修行の過程を説明している点は共通する。ただし四沙門果説はゴール（無学果）を含めて四つ、四種菩薩の階位はプロセスだけで四つあり、ゴール（成仏）を入れれば五つになるので、まったく同じではないが、共通性は認められる。また「不退転」は「不還」と発想は同じだし、「一生補処」も輪廻を前提にした呼称であるから「一来果」や「不還果」の考え方と通ずるものがある。直接的な影響関係は薄いが、伝統仏教を土壌にして大乗仏教が誕生したことを考えると、間接的な影響はあっても不思議ではない。

不退転

この四種菩薩に基づき、菩薩の十地説が展開するが、その前に「不退転《ふたいてん》」の菩薩およびその到達の条件となる「無生法忍《むしょうぼうにん》」について解説しておく。不退転とは、「その境地に達すれば、そこから後退しないこと」を意味するから、裏を返せば、それは「いつかは覚りを開いて必ず仏になる」ことが確定することを意味するので、大乗仏教では重要な境地を示す用語となる。

また、無生法忍はその重要な境地の到達度を測る目安となるし、何より大乗仏教の根本思想である「空（＝不生）」の理解に関わるものであるから、これも大乗仏教では重要視されることになる。では、不退転から見ていこう。

般若経には大きく分けて小品系般若経と大品系般若経との二系統があり、その成立は小品系般若経が大品系般若経に先立つが、両系統の般若経で不退転の菩薩の特性が説かれている。両者の内容はほぼ同じだが、その記述の仕方は成立の遅い大品系般若経の方が詳しい。項目は全部で二三あるが、ここでは小品系般若経の記述を中心に、その内容を簡単に紹介しよう（平川[1989: 428–432]）。

①不二を覚り、諸法実相《しょほうじっそう》に入り、分別をしない。無益なことを説かず、他人の長短を見ない
②外道の沙門・バラモンの主張は、実如・実見とは見ないし、ほかの神には仕えない
③邪見等に随わず、世俗の吉事を信じない。華・香・瓔珞等で諸天を供養しない
④三悪道に堕せず、女人の身を受けない
⑤自ら十善道を行じ、他に教えて十善を行ぜしめる。これらを自ら守り、他にも勧めて守らしめる点に利他の面がある。夢中にも十不善を行わない（『大品』ではつぎに、一切衆生を利益するために、六波羅蜜を行ずることを説く）
⑥経典を読誦し、衆生の安楽のために説法し、その願を満たさしめ、法施を一切衆生とともに

せんと願う

⑦深法を聞いても、疑悔がない。言葉は穏やかで、心は常に乱れず、動作も卒疾でない。心が平静で、顔を伏せて詳徐として歩く

⑧悲をもって三業（身口意）を成就する（『大品』のみ）

⑨五蓋《ごがい》（欲・瞋恚《しんに》・睡眠《すいめん》・掉挙《じょうこ》・疑）という煩悩がない（『大品』のみ）

⑩一切処に愛著しない（『大品』のみ）

⑪用いる寝具や衣服は常に清潔である。清浄を好み、礼儀正しく、身体は常に安穏で、病気が少ない

⑫名利を貪らず、慳嫉も少ない。深法を聞いても心は没せず、一心に聴法する。そして世間のことはみな般若波羅蜜に合し、諸法実相に同ずることを知る

⑬魔がやってきて地獄を化作し、不退転の授記を受けた者は地獄に堕ちると言っても、動揺しない

⑭沙門（比丘）に変装した魔がやってきて、「汝が学んでいる般若波羅蜜は真の仏語ではない」と言っても怒りの心は起こらず、他の語に従わず、声聞乗や独覚乗を信奉する者に破せられない

⑮魔がやってきて、「久しく菩薩行を行じた菩薩でも一切智を得ていない。どうして汝に得られようや」と言われ、阿羅漢になることを勧められても怒りを生じない

⑯魔がやってきて、「汝は空を説くが、空は虚無であり、一切智も虚空のように虚無である」と言われても心が動揺しない

⑰禅定に自由に入り、諸禅を修していても、その果に著しない

⑱名聞称讃を貪らない。常に衆生に安穏利益の心を生じ、心は散乱しない。在家生活では諸欲に染著せず、在家菩薩として愛欲を受けない

⑲執金剛神《しゅうこんごうしん》が常に随侍しているので、心に狂乱なく、諸根を具足し、賢善行を修す

⑳無益な噂を論じず説かず、般若波羅蜜を説くことのみを喜ぶ。闘訟や非法を願わず、善友に親近することや浄仏国土に生まれることを願う

㉑不退転の境地に住し、自分が不退転地にあることに少しの疑惑も生じない

㉒護法のために身命を惜しまない。過去や現在に正法を護っただけでなく、未来永遠に正法護持を決意する

㉓無生法忍を得ているので、仏の説法を聞いて、それを疑わず、悔いることもない

この記述をふまえ、平川［1989: 432］はつぎのように指摘する。

ここに説かれている不退転の相は決して高遠なものではなく、十善道を実践すること、正法に対して確固たる信念を持つこと、法の不生不滅を覚る無生法忍を得ることが主とな

っている。したがって、ここに不退転の相として示されているものは、とくに困難な行法ではない。おそらく大乗仏教の最初においては、不退転の位は到達不可能なものとは考えられていなかったが、時代が経つにつれ、次第に高い地位に押し上げられ、十地説では第七地に置かれることで、この世で到達することは思いもおよばないものにされてしまった（取意）。

無生法忍

では、この不退転の状態をもたらす無生法忍について、簡単に説明する（平川［1989: 438-443］）。無生法忍（anutpattika-dharma-kṣānti）とは、「諸法（一切の存在）は、現象面においては生滅するように見えるが、その本質においては不生不滅であり空であり、すなわちそれが諸法実相であると認知すること」を意味する。「忍」の原語 kṣānti は、忍辱波羅蜜の「忍辱」の原語でもあり、「耐え忍ぶこと」を意味するが、無生法忍で用いられる場合は「認可／認知」の意味となる。

アビダルマの定義では、忍は智（jñāna）や見（dṛṣṭi）とともに慧の一部分をなし、「対象を洞察する力」を意味する。説一切有部の教理では、煩悩を断ずるのは忍の作用であり、それを自己のものにするのは智の作用であるから、煩悩を断ずる忍は煩悩と同時に存在する。そうでなければ、煩悩を「断ずる」ことはできないからだ。よって、忍は「迷いの中における覚りの力」を意味する。

つぎに、無生法忍が大乗仏典でどう説明されているかをみていこう。まず大品系般若経の注釈書『大智度論』の説明から。ここではまず、「菩薩は柔順忍の中に住し、戯論を滅して無生法忍に入る」と説かれ、三つの異なった観点から無生（法）忍を説明する。その内容は、つぎのとおり。

①作仏するまで常に悪心を生ぜず。この故に無生忍という
②この忍を得れば、一切法の畢竟不生を観じて、縁を断じて心心数生ぜず。是れを無生忍と名づく
③能く声聞や辟支仏（独覚）の智慧を過ぐるを無生忍と名づく

つぎは大品系般若経の用例だが、ここでは無生法忍が忍辱波羅蜜と関連づけて説かれ、菩薩が忍辱波羅蜜を具足する場合、二種の忍を修するべきであるという。たとえば一切衆生が瓦・石・刀・杖で菩薩に危害を加えても、瞋心を起こさず、悪口罵詈を浴びせても瞋心を起こさない。そして、諸行《しょぎょう》無常《むじょう》・諸法《しょほう》無我《むが》であるから恒常不滅の自我は存在しない。よって、危害を加える者も加えられる者も結局は空であり、衆生も空（衆生忍）、諸法も空（無生法忍）であると諦観することが菩薩には求められる。

このように、衆生忍や無生法忍が忍辱波羅蜜に関連して説かれている。これは、自分に危害を加える人に対し、瞋心が起ころうとするのを忍によって起こさないように努力することを意味するから、さきほど指摘したように、忍が煩悩と共住する覚りであることが示されていると平川［1989: 441］は指摘する。

三　菩薩の十地

十地と言っても、さまざまな資料でさまざまな十地が説かれるので、そのすべてをここで網羅することはできないが、大きく三つの十地に大別できる。

①本業の十地：『菩薩十住行道品』『菩薩本業経』『マハーヴァストゥ』など
②般若の十地（共の十地）：大品系般若経など
③華厳の十地（不共の十地）：『十地経』（『華厳経』所収）など

本業の十地

このうち、本業の十地は本生菩薩の修行階梯に基づくもので、最も古いと考えられている。まずは本業の十地を説く資料の中から、インド原典のある『マハーヴァストゥ』の十地説を紹介しよう（平岡［2010a: 45–102］）。その内容は菩薩一般（普通名詞の菩薩）について説明する場合と、本生の菩薩（固有名詞の菩薩）について説明する記述が混在しているので注意を要する。それぞれの段階の名称は、以下のとおり。

①初　地：難登（Durārohā）
②第二地：結慢（Baddhamānā）
③第三地：華飾（Puṣpamaṇḍitā）
④第四地：明輝（Rucirā）
⑤第五地：広心（Cittavistarā）
⑥第六地：具色（Rūpavatī）
⑦第七地：難勝（Durjayā）
⑧第八地：生縁（Janmanideśa）
⑨第九地：王子位（Yauvanarājyā）
⑩第十地：灌頂位（Abhiṣekā）

このうち初地（難登）では、初地に住する菩薩の行いと、菩薩が初地から第二地に進むことができない六つの理由などが説かれる。第二地（結慢）では、ここの菩薩が有する意向と、菩薩が第二地から第三地に進むことができない理由が説かれる。第三地（華飾）では、第二地から第三地に進む菩薩にいかなる心が生じるか、そして菩薩が第三地から第四地に進むことができない理由が説かれる。第四地（明輝）では、不退転の菩薩の特性、および菩薩が第四地から第五地に進むことができない理由が説かれる。

以上は菩薩一般についての記述だが、第五地（広心）では、この地に住していたブッダが供養した仏とその種姓とが詳細に説明され、最後に菩薩（普通名詞）が第五地から第六地に進むことができない理由が説かれる。第六地（具色）では、一つの仏国土に二人の正等覚者が出現しない理由、および存在する仏国土の名前とそこに住する仏の名前が記され、最後に菩薩が第五地から第六地に進むことができない理由が説かれる。第七地（難勝）では、ブッダがこの地に住していたときのジャータカが説かれ、最後には不退転の菩薩が第八地に進むとき、大悲の心が生じると説かれる。

第八地（生縁）では、ブッダが初地から第七地へと進む中で善根を植えてきた二五〇名ほどの正等覚者の名前を詳細に列挙する。第九地（王子位）では、第八地に続いて、ブッダが仕えてきた過去仏の名前が列挙され、その数は二五〇以上にもおよぶ。

そして最後の第十地（灌頂位）では、第十地を成満したブッダが兜率天からマーヤーに入胎するまでの様子を説く。また妊娠中のマーヤーの様子、また出産の様子が詩頌を以て描写され、最後にはブッダの出家踰城の様子が詩的に語られる。

このように、『マハーヴァストゥ』の十地には、普通名詞の菩薩と固有名詞の菩薩が混在して説かれているが、このような本生の菩薩について説かれる十地が古形と考えられ、これをベースにさまざまな十地思想が展開することになる。

共の十地と不共の十地

同じ十地でも、仏典には大きく二つの系統が確認される。一つは仏教という大きな体系の中で修行階梯を十段階に分けるもの（「凡夫→声聞→独覚→菩薩→仏」というプロセス）、もう一つはその中でもとくに菩薩に焦点を当て、その菩薩の修行階梯を十段階に分けるものである。前者は「共の十地」（三乗と共通する十地）、後者は「不共の十地」（三乗と共通しない十地。こちらは「十住」と表現されることもある）と呼ばれる。

では、共の十地から説明する（平川［1989: 461 ff.］）。「共の十地」も最初から十段階がすべてそろって説かれていたわけではない。その変遷過程を小品系般若経で辿ってみたいが、まずはその資料を整理し、漢訳年代を確認しておく。

小品系般若経（三枝［1971: 56–64］）

・原典：Aṣṭasāhasrikā-prajñāpāramitā-sūtra（八千頌般若経）
・蔵訳：Ḥphags pa she rab kyi pha rol tu phyin pa brgyad stong pa
・漢訳：①『道行般若経《どうぎょうはんにゃきょう》』（支婁迦讖《しるかせん》訳：一七九年）
②『大明度経《だいみょうどきょう》』（支謙《しけん》訳：二二二～二二八年）
③『摩訶般若鈔経《まかはんにゃしょうきょう》』（曇摩蜱《どんまひ》・竺仏念《じくぶつねん》訳：二六五～二七二年）
④『小品般若波羅蜜経《しょうぼんはんにゃはらみつきょう》』（鳩摩羅什《くまらじゅう》訳：四〇八年）

⑤『大般若波羅蜜多経《だいはんにゃはらみたきょう》第四会』(玄奘訳：六六〇～六六三年)
⑥『大般若波羅蜜多経第五会』(玄奘訳：六六〇～六六三年)
⑦『仏母出生三法蔵般若波羅蜜多経《ぶつもしゅっしょうさんほうぞうはんにゃはらみたきょう》』(施護《せご》訳：九八二年以降)

変化を確認するため、ここでは①④⑦に注目する。最古の漢訳①をみると、「羅漢地(＝声聞地)・辟支仏地・仏地」の三地、中期の④では「凡夫地・声聞地・辟支仏地・仏地」の四地、そして最も新しい⑦になると「異生《いしょう》(＝凡夫)・声聞地・独覚(＝縁覚)・菩薩地・如来地」という五地が説かれるようになる。

このように、時代が下るとその数が増え、「菩薩地」が加えられるようになるが、初期の段階で菩薩地は独立した地位を確立していなかった。菩薩は成仏を目指して修行する者であるから、おそらく「仏地」に含まれると考えられていた。菩薩は「未完成の仏」というわけだ。ともかく、この五段階をさらに細分化すれば、共の十地が誕生する。共の十地と不共の十地、および四種菩薩の関係を示せば、次頁の図のとおり。

五地	共の十地
凡夫地	①乾慧地
	②種性地
声聞地	③八人地
	④見地
	⑤薄地
	⑥離欲地
	⑦已弁地
独覚地	⑧辟支仏地
菩薩地	⑨菩薩地
仏地	⑩仏地

不共の十地	四種の菩薩
勝解行地	初発意（新発意）
①歓喜地	久修習（久発意）
②離垢地	
③発光地	
④焔慧地	
⑤難勝地	
⑥現前地	
⑦遠行地	
⑧不動地	不退転
⑨善慧地	
⑩法雲地	一生補処

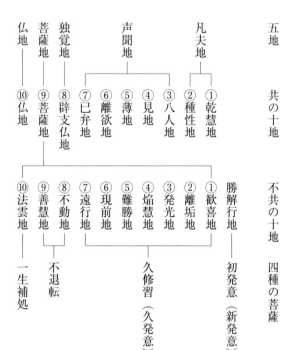

では、共の十地と不共の十地の内容を簡単に紹介しておこう。

共の十地

①乾慧地《けんねじ》：外凡夫（下位の凡夫）
②種性地《しゅしょうじ》：内凡夫（上位の凡夫）
③八人地《はちにんじ》：四双八輩の流預向
④見地《けんじ》：四双八輩の流預果
⑤薄地《はくじ》：四双八輩の一来果
⑥離欲地《りよくじ》：四双八輩の不還果
⑦已弁地《いべんじ》：四双八輩の阿羅漢果
⑧辟支仏地：因縁の法を覚った状態
⑨菩薩地：菩薩として修行する状態
⑩仏地：最終的な成仏の状態

不共の十地

①歓喜地《かんぎじ》：菩薩がわずかに覚りの境地に到達して歓喜する位
②離垢地《りくじ》：中道の理に住し、衆生の汚れの中に入って、しかもそれを離れる位

③発光地《ほっこうじ》：智慧の光が露わになる位
④焰慧地《えんねじ》：精進波羅蜜を成就して修惑を断じ、智慧を盛んにする位
⑤難勝地《なんしょうじ》：断じ難き無明に打ち勝つ位
⑥現前地《げんぜんじ》：縁起の姿が目の当たりに現れる位
⑦遠行地《おんぎょうじ》：世間と二乗との有相の行を遠く出て脱する位
⑧不動地《ふどうじ》：修行が完成し、努力せずとも事前に菩薩行が行われる位
⑨善慧地《ぜんねじ》：四無礙解《しむげげ》を得て、十方一切に仏法を演説する位
⑩法雲地《ほううんじ》：智慧の雲があまねく真理の雨を降らせる位

十地の成立――大品系般若経の十地を手がかりに

つぎに大品系般若経の用例をてがかりに、十地の成立を考えてみたいが、その前にここでもその資料を整理し、漢訳年代を確認しておく。

大品系般若経（三枝［1971: 64–68］）
・原典：Pañcaviṃśatisāhasrikā-prajñāpāramitā-sūtra（二万五千頌般若経）
・蔵訳：She rab kyi pha rol tu phyin pa stong phrag nyi shu lnga pa
・漢訳：①『光讃経《こうさんぎょう》』（竺法護《じくほうご》訳：二八六年）

②『放光般若経《ほうこうはんにゃきょう》』（無叉羅《むしゃら》訳：二九一年）
③『摩訶般若波羅蜜経《まかはんにゃはらみつきょう》』（鳩摩羅什《くまらじゅう》訳：四〇四年）
④『大般若波羅蜜多経《だいはんにゃはらみたきょう》 第二会』（玄奘《げんじょう》訳：六六〇～六六三年）
⑤『大般若波羅蜜多経第三会』（玄奘訳：六六〇～六六三年）

これをふまえ、大品系般若経の十地説をみていくが（平川［1989: 466–472］）、結論をさきにいえば、大品系般若経では共の十地と不共の十地が微妙に重なっている。では、その様子をみていこう。まずは最古の漢訳①の記述から。

> 菩薩摩訶薩は、六波羅蜜・十力・無畏・十八不共諸仏の法を具足し、薩芸若の慧を得、塵労を断除し、罣礙される所なし。是れを、菩薩は十道地に住し、成じて如来と為ると為す。是の如く、須菩提よ、菩薩摩訶薩は（中略）十八不共諸仏の法を行じ、寂然として見現入・種性・八等の地、若しくは有所処・離欲の地・所作弁地を離れ、声聞・辟支仏地・菩薩の地を離る。是れを菩薩摩訶薩は第九住より仏地に入ると為す。是れを菩薩摩訶薩の第十行住と為す（T. 222, viii 198c24–199a4）。

傍線部分の記述から、ここでの十地が「共の十地」であることは明白である。これはつぎの

②でも同じで、「十住菩薩は名づけて如来となす」、あるいは「菩薩摩訶薩は是の九地を過ぎて、便ち仏地に住す」（T. 221, viii 29b27）とあるので、この十地は「共の十地」ということになる。ところがつぎの③になると、その記述に変化がみられる。

云何が菩薩は十地の中に住して、応に仏の如しと知るべきや。若し菩薩摩訶薩、（中略）十八不共法を具足せば、一切種智の具足を満じ、一切の煩悩及び習を断ず。是れを、菩薩摩訶薩は十地の中に住して、当に仏の如しと知ると名づく。須菩提よ、菩薩摩訶薩は（中略）十八不共法を行じ、乾慧地・性地・八人地・見地・薄地・離欲地・已作地・辟支仏地・菩薩地を過ぐ。是の九地を過ぎて仏地に住す。是れを菩薩の十地と為す（T. 223, viii 259c6–14）。

さきほどの①②の記述に似ているので紛らわしいが、傍線の表現、すなわち「十地の中に住して、まさに仏の如しと知る」のであるから「まだ仏ではない」ということになり、この十地は菩薩の十地、すなわち「不共の十地」と理解すべきである。最後に最も新しい④の記述に注目してみよう。

善現（須菩提）よ、云何が菩薩摩訶薩は第十地に住して、如来地に趣くや。善現よ、是の菩薩摩訶薩は（中略）十八仏不共法を行じ、浄観地（第一地）〜菩薩地（第九地）を超えるなり。（中略）善現よ、是の如く、菩薩摩訶薩は第十地に住し、如来地に趣くなり（T. 220, vii 88c17–24）。

傍線部分では「第十地から如来地に赴く」ことが明記されているので、この十地は明らかに「不共の十地」と理解しなければならない。

以上の用例から、大品系般若経の初期段階である①や②では「共の十地」だけが説かれていたが、③の段階では「不共の十地」が華厳系統で説かれていたため、これを包摂せんとして「十地の中に住して、まさに仏の如しと知る」と文章が改変され、④になると、この点はより明瞭に表現されるようになるのである。

大品系般若経にみられる二つの十地

では、大品系般若経の初期の漢訳は「不共の十地」を知らなかったのかというと、そうではない。たとえば『放光般若経』では「初発意菩薩より十住阿惟顔（＝灌頂位）に至る」とあり、灌頂位を最高位とする十住説を知っていたからだ。では、この相矛盾する二つをどう会通すべきか。以下、平川［1989: 472–376］の解釈を紹介する。

『放光般若経』には「須菩提よ、菩薩は初発意より常に六波羅蜜を行じ、[a] 慧を以て八地を見る。

何等をか八とす。浄地（＝乾慧地）性地・四賢聖八地・観地・薄地・無垢地・已弁地・辟支仏地(b)なり。慧の観を以て八地を過ぎ、道慧を以て菩薩位を過ぐ」（T. 221, viii 118b1–5）とある。傍線（a）は四種菩薩（および「不共の十地」）、傍線（b）は「共の十地」が意識されている。その両説をどうつなげているかは不明だが、両説を考慮しつつ、述べられていることは看取される。さらに『放光般若経』には、つぎのような記述がみられる。

須菩提よ、無所有不可見なり。初住地(c)は亦た不可見なり。十住地(d)に至るも無所有不可見なり。無所有不可見にして、竟に常浄に至る。何等をか初住地となすや(e)。滅浄地・種性地・第八地・見地・薄地・除垢地・所作已作地・辟支仏地・菩薩地・仏地なり(f)（T. 221, viii 30b23–27）。

傍線（c）（d）（e）から、ここでは「不共の十地」を説明しようとしていることがわかる。傍線（e）のあと、何らかの文章が欠落していると考えられるが、ここでは「共の十地」の名称（傍線（f））が列挙される。ほかにも同様の用例が大品系般若経に散見することから、初発意にはじまる「不共の十地（菩薩の住地）」は乾慧地からはじまる「共の十地」で示されていると平川は解釈する。つまり、菩薩が十の段階を踏んで仏地に進んでいくが、その際の各段階の名称は「共の十地」のそれを借用したと考えるのである。

では、不共の十地がすでに考えられ、大品系般若経は「阿惟顔」や「一生補処」といった名称にまで言及しているのに、なぜそれを用いず、乾慧地等の「共の十地」の名称を用いたのか。平川は「おそらく十住説は、十住の一々の階位の名称がまだ知られていなかったのではないか」と推論する。そのため、「不共の十地」の階位を示すのに、「共の十地」の名称だけを借用したのではないかと平川は考えるのである。

これは、『大智度論』の用例からも首肯できよう。『大智度論』は「共の十地」の名称（乾慧地・性地など）を使いつつ、その中で声聞と菩薩の両方を説明しているからだ。たとえば、初地の乾慧地では「声聞の乾慧地は〜、菩薩の乾慧地は〜」というように、同じ地を異なる二つの立場で説明するのである。

菩薩の五十二位説

インドで菩薩の階位は「十地（十住）」が一般的だが、日本では菩薩の階位を五二とする。これは中国仏教の影響によるもので、インドから中国に仏教が将来され、仏教が中国化する中で菩薩の階位も中国的変容を被り、その変容した菩薩の階位を日本仏教は受容したことになる。よって、菩薩の五十二位説の展開をみるには、中国仏教に注目しなければならない。

水野［2009］によれば、中国仏教独自の菩薩階位説は、五世紀半ばから後半に撰述された『仁王般若経《にんのうはんにゃきょう》』『梵網経』（中国撰述）『菩薩瓔珞本業経』（中国撰述）の説を嚆矢とする。『仁王般若経』や『梵網経』は「三種性（三十心）」と華厳経系の十地説をあわせた階位が説かれるが、『菩薩瓔珞本業経』はこれを整理した上で『華厳経』に出る用語に置き換え、十住・十行・十回向・十地・等覚・妙覚の四十二位を立て、これに智顗が十信を加えて五十二位説が成立した。

これは、インドで誕生した菩薩思想のさまざまな要素を中国において統合・整理し、一大体系化した菩薩の見取図的性格を有するものと言えよう。成立の詳細については水野［2009］にゆずり、ここでは五十二位説の内容（中村［1981］）を概観しておく（位の名称については、資料によって異同がある）。

十信（一位〜一〇位）

①信心《しんじん》：信を起こして成就を願う
②念心《ねんしん》：六念を修する
③精進心《しょうじんしん》：精励して善業を修する
④定心《じょうしん》：心を安住する
⑤慧心《えしん》：一切の事象の空寂なることを了知する
⑥戒心《かいしん》：持戒が清浄である
⑦回向心《えこうしん》：修するところの善根を菩提に回向する

⑧護法心《ごほうしん》：己心を防護して修行する
⑨捨心《しゃしん》：身や財を惜しまず捨する
⑩願心《がんしん》：種々の願いを修する

十住：本業の十地（一一位〜二〇位）
①発心《ほっしん》　②治地《じじ》　③修行《しゅぎょう》　④生貴《しょうき》　⑤具足方便《ぐそくほうべん》　⑥正信《しょうしん》　⑦不退《ふたい》　⑧童真《どうしん》　⑨法王子《ほうおうじ》　⑩灌頂《かんじょう》

十行（二一位〜三〇位）
①歓喜行《かんぎぎょう》：法空に入って邪見に動かされない
②饒益行《にょうやくぎょう》：常に衆生を導き利益する
③無違逆行《むいぎゃくぎょう》：常に忍んで人に逆らわない
④無尽行《むじんぎょう》：大精進を行い、一切衆生を涅槃に至らしめようという発心を抱き、弛むことがない
⑤無礙乱行《むげらんぎょう》：無知のために乱されない
⑥善現行《ぜんげんぎょう》：常に仏国土の中に生を現す
⑦無着行《むちゃくぎょう》：空有の二見に執着しない

⑧難得行《なんとくぎょう》：得がたい善根を成就する
⑨善法行《ぜんぽうぎょう》：法を説いて人に授ける
⑩真実行《しんじつぎょう》：中道という真実の理法を覚る

十回向（三一位～四〇位）

①救護《くご》一切《いっさい》衆生《しゅじょう》離相《りそう》回向《えこう》：六波羅蜜等を行じて、一切衆生を分け隔てなく平等に救護する
②不壊《ふえ》回向《えこう》：三宝に不壊の信心を得、その善根を回向して衆生に善利を得させる
③等《とう》一切《いっさい》仏《ぶつ》回向《えこう》：三世の諸仏がなす回向のように、生死に著せず、菩提を離れずにこれを修する
④至《し》一切《いっさい》処《しょ》回向《えこう》：回向の力によって修めた善根を普く一切の三宝や衆生の処に至らしめ、それによって供養利益をなす
⑤無尽《むじん》功徳《くどく》蔵《ぞう》回向《えこう》：一切無尽の功徳を随喜し、それを回向して仏事をなし、それによって無尽の功徳善根を得る
⑥随順《ずいじゅん》平等《びょうどう》善根《ぜんこん》回向《えこう》：所修の等等の善根を回向して仏に守護され、よく一切堅固の善根を成ずる
⑦随順《ずいじゅん》等観《とうかん》一切《いっさい》衆生《しゅじょう》回向《えこう》：一切の善根を増長し、それを回向して一切衆生を利益する
⑧如相《にょそう》回向《えこう》：如相に順じて所成の種々の善根を回向する

⑨無縛解脱回向《むばくげだつえこう》：一切法に取執縛著せず、解脱の心を得て善法を回向し、普賢の行を行じて一切の徳を具足する

⑩法界無量回向《ほうかいむりょうえこう》：一切無尽の善根を修習し、それを回向して法界の無量の功徳を願求する

十地（四一位～五〇位）＝不共の十地

①歓喜地　②離垢地　③発光地　④焰光地　⑤難勝地　⑥現前地　⑦遠行地　⑧不動地

⑨善想地　⑩法雲

等覚《とうがく》（五一位）：その智徳が万徳円満の仏、妙覚と等しい

妙覚《みょうがく》（五二位）：等覚位の菩薩が、さらに一品の無明を断じた状態。一切の煩悩を断じ尽くした位で、仏・如来と同一視される

この五十二位説を伝統仏教の修行の段階と対比すると、以下のとおり。

十信	外凡夫
十住 十行 十回向	内凡夫
十地 等覚 妙覚	聖者

このように、菩提心を起こして新発意の菩薩になってから覚りを開いて仏になるまでの道のりはじつに長い。ブッダでさえ、燃灯仏に成仏の記別を授かってから今生で覚りを開くまで三阿僧祇劫という長大な時間を要したとされる。「劫」とは時間の単位、「阿僧祇《あそぎ》」とは数の単位である。説明が長くなるので詳細は省くが、「劫」とはとんでもない長い時間を意味し、それが阿僧祇（一〇の五九乗）の三倍というのが「三阿僧祇劫」である。日本では、念仏により、死後、直ちに極楽に往生することは当たり前と考えているが、本来、仏になるには想像を絶する時間が必要であったことは再認識しておく必要があるだろう。

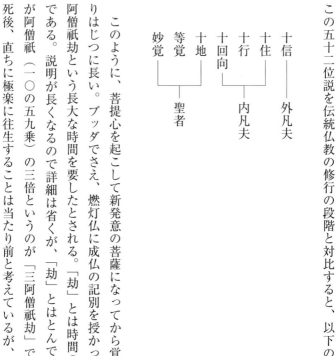

インドで中観哲学を樹立した龍樹や、瑜伽行派の大成者である無着《むじゃく》（世親の兄）は十地の「初地」に達した菩薩と考えられていた（世親に至っては初地直前まで）。ここだけに注目すると、修行が進んだ彼らでさえ、かなり初歩の段階にしか達していない印象を受けるが、五十二位説に立てば、彼らは「聖者の菩薩」であり（世親は「凡夫の菩薩」）、もう覚りは目前である。このように、菩薩の十地の初地には「スタート」と「ゴール（目前）」という二重の意味合いがあると船山［2020: 114］は指摘する。

第五章　菩薩の種別

本章では、さまざまな菩薩を大きく三種に分類して解説する。まず最初は、何といっても菩薩の起源となった「本生の菩薩」、すなわちブッダの本生としての釈迦菩薩である。つぎに、この本生の菩薩を模範にして自らの生き方を規定した大乗教徒としての菩薩、すなわち「向上の菩薩」を取り上げる。これは、覚りを目指して努力し（向上）、いつかは自分も仏になろうとする菩薩である。これは「凡夫の菩薩／誰でもの菩薩」とも表現できる。そして最後に取り上げるのが「向下の菩薩」である。これは大乗経典という物語に登場する架空の菩薩であり、「衆生救済」という点では仏と何の遜色もない、覚りの世界から降りてきたような（向下）菩薩である。その代表例は観音菩薩であるが、ここではそのような向下の菩薩が誕生した背景についても考えてみたい。

一　本生の菩薩（釈迦菩薩）

ウサギ本生話

まずは菩薩思想の起源となった本生の菩薩について、ブッダの本生話（ジャータカ）から、いくつか特徴的なものを紹介する。本生話を蒐集した文献もいくつかあり、さまざまな言語で伝承されている。主なものを紹介すれば、パーリ『ジャータカ』、サンスクリットの『ジャータカ・マーラー』、そして漢訳の『生経』などである。このうち分量的に最も大部なものは『ジャータカ』であり、全部で五四七もの話を収める。これ以外にも単発のジャータカは、さまざまな仏典に説かれたり引用されたりしている。

さて、数あるブッダの本生譚で印象的なのは、布施波羅蜜にも通じる自己犠牲型のジャータカだ。本生の菩薩は自分の体の一部を布施したり、時には自分の命さえも喜んで他者に捧げるのである。まずはパーリ『ジャータカ』第三一六話から、ウサギ本生話を紹介しよう。

あるとき、菩薩（ブッダ）はウサギに生まれ変わり、カワウソ・ジャッカル・サルとともに暮らしていた。ウサギは斎戒日を前にして、ほかの三匹に教えを説いた。「明日は斎戒日です。我々は生活規範を守って斎戒を実践しましょう。乞食の人が来たら、皆さんの食事の一部を彼に布施しましょう」と。カワウソは魚を、ジャッカルは二串の肉とトカゲとヨーグルトの入った壺を、そしてサルはマンゴーの実を手に入れ、〈時が来たら食べよう〉と考えると、生活規範を守ったかどうかを顧みながら就寝した。一方、ウサギはダッバ草を食物として手に入れたが、〈乞食者に草を施すわけにはいかない。いざ私は、自分自身の肉を布施しよう〉と考えた。

この威力によってサッカ（帝釈天）の玉座が熱くなったので、その原因を調べてみると、ウサギの決意によることがわかり、そのウサギの決意を確かめるために、サッカはバラモンに変装し、彼らのもとに赴いた。まずサッカはカワウソに食を乞うと、カワウソは魚を布施した。同様にサッカはジャッカルから二串の肉とトカゲとヨーグルトの入った壺を、またサルからはマンゴーの実を手に入れた。こうして最後にサッカはウサギのもとを訪れ、食を乞うと、ウサギはこう答えた。

「バラモンよ、あなたは食を求めて私のもとへよくおいでくださいました。私は今日、いままで自分でもしたことがないような布施をいたします。しかし、あなたは生活規範を守っておられるので、殺生はなさらないでしょう。バラモンよ、あなたは行って薪を集め、火を発したら、私に知らせてください。私は自分を捨てて火の中に飛び込みます。私の身体が焼けたなら、あなたは私の肉を召し上がり、修行者の道を実践してください」

そこでサッカが火を発すと、自分の毛の中にいる虫を道連れにしないよう、三度身体を振い、その火の中に飛び込んだ。しかしそれはサッカが神通力で化作した火だったので、実際にウサギの身体を焼くことはなかった。このウサギの偉業を後世に末永く留めるために、サッカは山の汁を搾り、丸い月面にウサギの絵を描いた。こうして、月にはウサギの姿が見えるという。この本生話は、日本の『今昔物語集《こんじゃくものがたりしゅう》』にも収められている。

シビ王本生話

シビ王本生話には三つの異なった話が存在するが（町田［1980］）、いずれも自分の身体（あるいは身体の一部）を布施した自己犠牲型のジャータカである点では共通する。ここでは、鳩を救うために自らの身体を布施する話を『大智度論』（T. 1509, xxv 87c28-88c27）から紹介する。

過去世において、ブッダはシビ王として菩薩行を実践していた。インドラ神とヴィシュヴァカルマン神は菩薩の決意を試そうとして、インドラは鷹に、ヴィシュヴァカルマンは鳩に変身し、鷹は鳩を餌食にしようと追いかけた。追われた鳩はシビ王に助けを求め、王の脇の下に隠れると、鷹はその鳩を自分に手渡すよう王に求めたが、「私は一切の衆生を救済しようと誓った。だから鳩を手渡すわけには行かぬ」と王は答えた。そこで鷹は「一切衆生を救うなら、私もその衆生の中に含まれる。なぜ私には哀れみを垂れずに、私の食を奪うのか！」と詰め寄った。

王が「あなたはいかなる食を求めているのか。それを私はあなたに与えよう」というと、鷹は「新鮮で、殺したばかりの熱い肉がほしい」と返答した。王は〈鷹の望をかなえるには、私はほかの生物を殺さねばならぬが、それはできぬ。いざ私は自分の肉を割いて鷹に与えよう〉と考えると、覚悟を決め、王は自分の股の肉を割いて鷹に与えた。だが、鷹はその鳩の重さと股の肉の重さが同じかどうかを疑い、秤にかけると鳩の方が重かったので、王はもう一方の股の肉を割いて秤に載せたが、まだ鳩の方が重かった。少しずつ自分の体の肉を割いては載せ、ついには全身の肉を割いて秤に載せたが、依然として鳩の方が重かった。そこで王は意を決し、秤の上に自らよじ登ろうとしたが、肉は尽き筋は切れていたので、秤に載ることはできず、登ろうとしても落ちてしまった。

王は最後の力をふりしぼり、ようやく秤に登ることができたが、後悔の念はまったくなかった。それを見ていた周囲の者たちは王の修行を称讃し、四方の聖仙たちは「これぞ真の菩薩なり。王は久しからずして、かならず仏にならん」と言った。この後、王は真実語をなした。「私は肉を割き血を流しても、怒らず、悩むこともなかった。ただ一心に仏道を求めただけである。この真実語により、私の体がもとに戻るように！」と。すると王の体は、すぐさまもとどおりになった。

バラモン本生話――捨身飼虎《しゃしんしこ》

つぎは、法隆寺玉虫厨子の台座に描かれている捨身飼虎の物語を紹介しよう。これもさまざまな資料で説かれているが、ここでは『ジャータカ・マーラー』（第一話）の話を要約して紹介する（干潟・高原［1990.3–11］）。

あるとき、菩薩（ブッダ）はバラモンの家に生まれた。彼はあらゆる技芸や学問を修めて教師となったが、愛欲や罪過の多い在家の生活をよしとせず、出家して森を住処とし、弟子のアジタとともに山の洞窟や叢林を遍歴した。

あるとき、彼は出産を終えたばかりの一頭の母虎を見た。彼女は飢えのために痩せ細り、産んだばかりの子虎を餌食のように眺めているところだった。その母虎は、乳を求めて近づく子虎に向かって咆哮し威嚇していたが、それを見たバラモンは弟子にこう言った。「見よ、輪廻の邪悪さを。かの母虎は自分の子どもたちさえも、飢えのために食べようとしている。自己愛ゆえに、母でさえも我が子を食べようとしている。子虎と母虎とを救うために、彼女の飢えの苦しみを癒やす食物をすぐに探してきてくれ。私も彼女が子虎を食べてしまうのを何とか阻止する手立てを考えよう」と。

弟子は「承知しました」と言って、母虎の食糧を探しに出かけた。バラモンは弟子を行かせてから考えた。〈自分自身の身体があるのに、私はほかの誰かから肉（食糧）を求めるのは間違っている。不浄な肉体が他者の役に立つのは、喜ばしいことではないか。他者が苦しんでいるかぎり、私に安楽はない。私には力があるのに、どうして今、母虎を見捨てることができようか。いざ私は母虎および子虎たちの面前に断崖絶壁から飛び降り、私の身体を食糧として供することで、牝虎が殺生を犯すことを阻止しよう〉と。

さらにまたバラモンは考えた。〈かつて私には自分の身体を与えても他者を利益したいとの願いがあった。その願いが今やかなえられ、最高の正覚をもたらすことになるだろう。この私の行為は名声のためでもなく、天界に再生するためでもない。王国のためでもなく、自分自身の安楽のためでもない。ただ、利他を成就するためである。私はあらゆる方法で衆生に対して常に安楽を伴った利益をなすであろう〉と。こう決心すると、バラモンは断崖から身を投じた。それを見た母虎は自分の子を食べるのをやめ、バラモンの身体を食べはじめたのである。

そのとき、手を空にして戻ってきた弟子はバラモンが牝虎に食べられているのを見て、最初は悲しみのあまり慟哭したが、後にその行為を「ああ、不幸に苦しむ者たちに彼は哀愍の情を抱く。彼は自己の安楽に執着しない。ああ、ほかの人々の名声や繁栄は、彼によって凌駕されてしまった！」などと言ってバラモンの所行を賛美した（なお、ここでとりあげたシビ王本生話とバラモン本生話（捨身飼虎）が、日本でどのように受容されたかについては、君野［2019］を参照）。

チャンドラプラバ王本生話

最後に紹介するのは、仏教説話文献『ディヴィヤ・アヴァダーナ』第二二章にみられるチャンドラプラバ（月光）王の本生話である（平岡［2007a: 573-607］）。これは、ブッダが過去世で自分自身の頭をバラモンに布施する物語である。

昔々、ブッダは北路にある王国バドラシラーの王チャンドラプラバであった。あるとき、彼はこう考えた。〈私が少しばかりの布施をして何になる。いざ私は自分の服・荘厳具・装飾品とまったく同じものを布施しよう。そうすれば、閻浮提の人々は皆、王の遊びを満喫できるぞ〉と。そして、つぎのような布告を出した。「皆の者、閻浮提の住民は皆、私が生きているかぎり、王の遊びを満喫せよ！」と。こうして住民はすべて、王の遊びを満喫し、大きな悦楽に浸っていた。

ちょうどそのとき、ガンダマーダナ山には、悪心を抱いたバラモンのラウドラークシャ（デーヴァダッタの本生）が住んでいた。彼は、王が「私は一切の布施者である」と宣言したことを聞き、〈いざ私は行って、王に頭を乞い求めよう〉と考えた。また、彼は〈もし彼が一切の布施者であるなら、彼は私に頭を布施するはずだが、最も可愛く、愛おしく、好ましく、大切な最高の部分、つまり頭を喜捨することは至難の業であり、ありえないし、不可能だ。これはあり得ぬ〉とも考え、彼の決意を試そうと、ガンダマーダナ山から降りて王のもとに向かった。

王はそのバラモンに、「さあ、バラモンよ、望むものを取るがよい」と告げると、彼は王にこう言った。「菩薩よ、我に頭を与えよ。大悲を持つ人よ、私に頭を布施し、我を満足させよ」と。すると、王は喜び、彼に言った。「おお、バラモンよ、誰に邪魔されることもなく、最高の部位である頭を取れ！　たとえ一人息子の如く大切なものであっても、お前は私の頭を取れ！　お前の望みが早く実を結ぶように。私は頭を布施して覚りを得よう」

王は王座から立ち上がると、マニラトナガルバ園に向かい、そこで誓願を立てた。「私が自分の頭を布施するのは、王位や財産や、死後、天界に生まれるためではない。そうではなく、私は無上正等菩提を正等覚した後、調御されざる衆生を調御し、寂静ならざる衆生を寂静ならしめ、彼岸に渡らざる衆生を渡らしめ、解脱せざる衆生を解脱させ、安穏ならざる衆生を安穏ならしめ、般涅槃せざる衆生を般涅槃させるためである」と。こう誓願し、王は鋭利な刃物で自分の頭を刎ねると、彼に頭を与えて息絶えた。

「捨身」の意味するもの

ここではおもに自己犠牲的な捨身のジャータカを紹介したが、杉本［1993: 205–211］によれば、北東インドと西北インドによってジャータカの内容が異なるという。すなわち、北東インド地帯では、動物を主人公にしたものが多いのに対し、西北インドには菩薩の修行処に記念のストゥーパが建立され、そこで菩薩は自分の目を施したり、自らの頭を布施するといった血生臭い話が目立つと指摘する（宮治［1996: 115–116, 125–127］も同じ点に着目している）。

中インドないし東北インドでは動物を主人公とする寓話的なジャータカが中心をなし、また西北インドでは人間を主人公とする血生臭い自己犠牲のジャータカが好んで説かれた（ここで紹介したウサギ本生話は自己犠牲的であり、自ら火の中に飛び込んではいるが、それはサッカが化作した火であり、実際には焼死していないので、西北インドで成立したジャータカではない）。一方、西北インドは遊牧民族が活躍した場所であり、常に異民族の侵入に曝され、戦闘に明け暮れた場所であるから、このような血生臭いジャータカが好まれたのも不思議ではなかろう。

「捨身」の背景に地理的文化的要因が存在することは間違いないが、ここでは「仏と法の関係」という観点から「捨身」の問題を考えてみよう。この両者は三宝（仏・法・僧）にも数えられ、三宝では「仏」が「法」よりも先行するが、その主従関係は「法」が上位概念となる。長尾［1967: 8］は、一神教的な神を認めない仏教が最高の権威を認めるとすれば、それは「法（dharma）」だけであり、歴史的な個人ではないと強調する。竹内［1981: 156-157］も、ブッダという人格を通じてブッダの覚った法を聞き、うけ止めていたのであるから、現実は「仏中心」であったが、建前は〈小乗涅槃経〉の「自灯明・法灯明」に代表されるように、ブッダ自身の拠り所が法であったことから、仏教は元来「法中心」であったと言う。

本書ではとりあげなかったが、大乗経典では雪山童子のジャータカが有名である。簡単に言えば、ブッダは本生において、自分の命と引き換えに真理（法）が説かれた偈文を聞こうとする話だが、これは端的に法が仏の上位に位置することを物語っている。したがって、極論すれば、法（あるいは「覚り」）のためには、自分のもっとも大切な「命」を犠牲にするということも可能になるのである。

仏教のみならず、宗教は「絶対なるもの」によって自己存在を相対化してしまうから、これが善に転じた場合、人間は驚異的な慈悲（あるいは教化活動）を実践することもあるが、悪に転じた場合、人間は自爆テロや戦争のように、自らの命を省みず、破壊的な行動をとることもある。それはともかく、仏教において「法」重視の姿勢を突き詰めていけば、極端な場合は「捨身」という行動にもつながることになる。

仏教史において、常人ではとうてい実践できないような偉業を達成した仏教徒（それをここでは「菩薩」と呼んでもよい）の行動の背景には、「法による自我の相対化」が行われていたとみることができよう。その意味で、鎌倉時代に旧仏教側からの弾圧や批判をものともせず、自分の命をも顧みずに、己の信念を貫き通した宗祖たちは、まさに菩薩と呼ぶにふさわしい。彼らが実践と学問との往還によって到達した宗教的真理（法）は、身を捨ててでも守るべきものだったのである。

二　向上の菩薩（凡夫の菩薩・誰でもの菩薩）

向上の菩薩と向下の菩薩

「本生の菩薩」に基づき、「向上の菩薩」と「向下の菩薩」が誕生する。菩薩思想の理解で難しいのは、大乗教徒が自らのアイデンティティとした「普通名詞としての菩薩」が説かれる一方で、仏と変わらない観音菩薩などが衆生の救済者として信仰の対象にもなっている点だ。同じ菩薩なのに、覚りを目指す「上求菩提」の菩薩と、衆生を救済する「下化衆生」の菩薩とではベクトルが正反対である。ここでは長尾［2001: 230-234］にならい、前者の菩薩を「向上の菩薩」、後者を「向下の菩薩」と区別し、菩薩思想を整理する。

菩薩本来の意味は、下から上へと覚りを求める向上の菩薩であるが、向下の菩薩はすでに覚りを開いた仏が仏位を去って一段下がり、菩薩の姿をとっているという意味で「向下」なのである。したがって、観音菩薩などの向下の菩薩たちは求道者というよりは救済主としての菩薩であり、仏のさまざまな特性を具えているから、文殊は智慧、観音は慈悲の権化と言われることもある。

ではなぜ向下の菩薩は仏国土を去って俗界に降りてくるのかというと、水に溺れている人を救うためには、自ら水中に飛び込まなければならないからだ。つまり、衆生救済という利他行を遂行するために、仏国土には留まっていられないのである。だから、向下の菩薩は我々の救い主として礼拝の対象になる。向下の菩薩は、ブッダのように歴史的人物ではなく、大乗仏教の時代になってから仏のさまざまな特性が人格的に象徴され、具現化されたものといえよう。

ただし、現実の人間を、そのような向下の菩薩の化身あるいは仮現として崇拝し、敬う例は中国にも日本にも見いだせる。たとえば、親鸞は自分の妻を観音菩薩の化身として崇め、また自分の師匠である法然を勢至菩薩の化身として敬っていた。さらに日本の聖徳太子やチベットのダライ・ラマは、観音菩薩の仮現と信じられていた（後述）。このように、自分の師匠や友人を何々菩薩の仮現として考えることは、非常に人間味のあふれた話であると長尾は言う。

そう考えると、このような向下の菩薩は架空の菩薩ではなく、単なる信仰の対象でもなく、この世で実際に活動していると見なせなくもない。「我こそは文殊菩薩である／文殊菩薩の生まれ変わりである」という人はどこにもいないし、またいるとすれば、それはまやかしにすぎないが、文殊菩薩の智慧を具えたような人、あるいは観音菩薩の慈悲を具えたような人に出会うことは時に経験することがある。

幼い子を失った両親が、我が子の死が機縁となって仏道に入り、それによって救われたと実感できれば、そのわが子こそは菩薩にほかならないという思いに達するかもしれない。亡くなった我が子が、かえって両親の救い主にもなる。そう考えれば、多くの菩薩たちがこの世の中の随処で現に働いていることにもなるし、また真摯な求道者としての向上の菩薩は、ある人にとってはそのまま救済者としての向下の菩薩と完全に一致してくると長尾は指摘する。

それで想起されるのは、比叡山で千日回峰行《せんにちかいほうぎょう》を行う行者（阿闍梨《あじゃり》）だ。行者本人は覚りを開くべく、比叡山の峰々を回り、最後は十日間、飲まず食わず寝ずでお堂に籠もって経文を唱えるので、〝向上の菩薩〟そのものである。だが、それを終え、お堂から出てくると、その姿はあまりに神々しく、それを見守る信者たちは生仏《いきぼとけ》でも拝むように合掌して祈りを捧げる。信者にとってその姿は〝向下の菩薩〟以外の何者でもない。このように、両者はまったく別物ではなく、重なることもあるが、ここでは便宜上、菩薩を向上の菩薩と向下の菩薩とに分けて整理することにしよう。

在家の菩薩と出家の菩薩

まず向上の菩薩の代表は「凡夫の菩薩（誰でもの菩薩）」であるから、伝統仏教に反旗を翻した大乗教徒自身であった。大乗仏教の担い手は出家者を中心としながら在家者をも含む人々であったから、菩薩にも「在家の菩薩」と「出家の菩薩」の二種があり、その関係は在家の菩薩よりも出家の菩薩の方が優位に立つ。まずは、この関係を龍樹の『十住毘婆沙論』で確かめよう。

この論書は「十地経（Daśabhūmika-sūtra）の注釈（vibhāṣā）」であり、〈十地経〉をはじめ、諸種の初期大乗経典の中から大乗菩薩道についての要説をとりあげ、それらをまとめて解説しており、単なる〈十地経〉の註釈というよりは、大乗菩薩道について経の所説の要点をまとめた独立の論書である。ただし、第二地までの所説しかなく、第三地以降は存在しないが、その理由は不明。本書の構成は以下のとおり。

・全体の総説：序品第一
・初　地：入初地品第二～入寺品第一七（在家菩薩の行法）
　　共行品一八～略行品二七（在家と出家の菩薩の共行としての行法）
・第二地：分別二地業道品二八～最後の戒報品三五（出家菩薩の行法）

「共行」とは出家の菩薩の行法を在家の菩薩が実行することであり、在家の菩薩が在家生活を営みつつ出家の菩薩の行法を行うことを意味するが、換言すれば在家の菩薩から出家の菩薩への移行段階（準備期間）と理解できる。この構成が示すように、本書は在家の生活よりも出家の生活が優れていることを説き、究極的には出家の菩薩の所行を強調するが、これは〈郁伽《いくが》長者所問経《ちょうじゃしょもんぎょう》〉とも共通する（Nattier［2003: 162–169］）。

本経では、郁伽（ウグラ）が多数の居士（在家者）を代表してブッダに問いを発し、それにブッダが答えるという形式からなり、在家の菩薩と出家の菩薩の実践のありようをブッダが詳説する。まず、ブッダは三帰依や五戒から在家の菩薩の実践を説明し、ついで在家菩薩は家庭生活の過失を熟知すべきこと、妻や子に愛着を抱かぬように注意すること、出家者を尊崇することなどを説く。こうして在家の菩薩の実践が詳細に記述されると、今度は出世の生活が詳説されるが、それは裏を返せば在家の生活の否定でもある。「いかなる菩薩も、家庭にいては無上正等菩提を正等覚することはない。彼らはすべて在家の生活を離れ、森を思い、森に向かい、森に至って、無上正等菩提を正等覚する」と前置し、ブッダはこう指摘する。

「在家は世俗に留まって塵にまみれ、出家は仏と彼の声聞たちによって〔構成され〕浄い。在家は過失に執着することが多く、出家は功徳を具足することが多い。在家は不安であり、出家は安穏である。在家には執着の垢があり、出家は執着から離れている。在家は悪行の根元であり、出家は善行の根元である。在家は塵の中にあり、出家は塵の中にない。在家は欲望の泥に沈み込み、出家は欲望の泥から引き上げられている。在家は愚者に近づき、出家は賢者に近づく。在家は生活を浄めにくく、出家は生活を浄めやすい。在家は嫉妬が多く、出家は嫉妬がない。在家は貧苦が多く、出家は貧苦がない。在家は憂いの住処であり、出家は喜びである。在家は悪趣への〔下降〕階段であり、出家は〔悪趣からの〕上昇階段である。在家は束縛であり、出家は解脱である。在家は恐れがあり、出家は恐れがない（後略）」（D. 63, Ṅa 271b2-7）

この出家の賛美と在家の非難をふまえ、在家者が僧院に入るさいの心構えをブッダが説明すると、それを聞いた居士たちは出家を願い出て、ブッダに許可される。郁伽長者がブッダに出家者の実践について質問すると、ブッダはそれを詳説し、それを聞いた郁伽長者はブッダに「在家の菩薩であって家庭に住む人は、どれほどの徳性を具足すれば、出家者の道を学ぶことになるのですか」と質問する。すると、ブッダは「五つの徳性を具足すれば出家者の道を学ぶことになる」と答え、つぎの五つの特性を説明する（D. 63, Ṅa 285b2 ff.）。

①こだわりなくすべてのものを喜捨するが、すべてを知る心を具足しているので、〔その喜捨の〕異熟《いじゅく》に〔楽なる果報を〕期待することがない
②梵行を実践して清浄であり、心に〔抱く〕さまざまな〔思いの中〕でさえ、性欲を起こさない。〔直接的な男女〕二つの性器の接触はいうまでもない
③完全に過失のない状態には触れないが、空屋に入り、方便〔力〕で奮起し、四つの禅定に入る
④一切の衆生によく尽くすように努め、般若波羅蜜が確実に生じるように精進する
⑤〔自ら〕最高の法を保持し、ほかの者たちにも正しい法を実践させる

これを聞き、郁伽長者はブッダに「世尊よ、私は如来たちの言葉のとおりに実践いたします。

出家者の学びを学びます。そしてそのような法の平等性に悟入いたします」と告げると、ブッダは微笑を示し、「郁伽は常に居士（在家者）でありながら、出家者の学びの中にあって、如来の覚りを増大させるだろう」と予言する。このあと、アーナンダ、郁伽長者、そしてブッダとの間に、つぎのようなやりとりがある。

アーナンダ：「居士よ、どのような因、どのような縁によって、〔あなたは〕家にいて塵垢の中にありながら、〔心に〕喜びを生じるのですか」

郁伽長者：「大徳アーナンダよ、塵垢はいかなる塵垢でもありません。大いなる慈悲を具足するので、私は楽を望むことがないのです。大徳アーナンダよ、菩薩はあらゆる苦に苛まれても〔それに〕耐え、一切の衆生を見捨てません」

ブッダ：「アーナンダよ、この郁伽長者は家という場に留まり、この賢劫において、実に多くの衆生を成熟させるだろう。出家菩薩は、千劫あるいは百千劫をかけてもそうはできない。それはなぜか。アーナンダよ、この長者にあるような徳は、千人の出家菩薩にもないからだ」（D. 63, Ṅa 286b2-6）

本経は在家の菩薩に対する出家の菩薩の優位を語りながら、在家の菩薩の一人である郁伽長者については、千人の出家の菩薩も敵わないとブッダが称讃するので、経の主旨はわかりづらい。だが、ブッダが称讃しているのは郁伽長者個人であり、在家の菩薩一般ではないから、全体としては本経も「在家の菩薩に対する出家の菩薩の優位」が説かれている。ちなみに、ナティエは「本経は出家の菩薩の生き方を称讃し、それはブッダのような修行のエリートのみが完遂できる実践道であり、一般大衆のよく耐えるところではない点を強調している」と理解するが、桜部は在家菩薩優位の立場をとる(平岡[2015: 162–169; 2018a: 81–83])。

A Few Good Men(少数精鋭)という生き方

さきに紹介した〈郁伽長者所問経〉の英訳者ナティエ(Nattier[2003])は、本経のタイトルをA Few Good Men(少数精鋭)とした。つまり、菩薩は「仏教徒としてもっとも困難な道ゆき、究極の道を選択した少数精鋭の仏教修行者たち」を意味し、「本経は出家の菩薩の生き方を称讃し、それはブッダのような修行のエリートのみが完遂できる実践道であり、一般大衆のよく耐えるところではない点を強調している」ことになる。

人間は多様性に富んでおり、同じ刺激に対しても、その反応は異なる。大乗仏教の教えでも「覚り」に対する理解は一様ではなく、直ちに覚れると考えた大乗教徒もいれば、長い時間がかかると理解した大乗徒もいた。これは「頓悟《とんご》/漸悟《ぜんご》」と要約できるが、禅の教えにも「頓悟/漸悟」は大きな問題となる。同様に、浄土教では易行を求め、仏の他力によって救済されることを望んだ大乗教徒がいた一方で、〈郁伽長者所問経〉にみられる出家の菩薩のように、あえて困難な道を選択する大乗教徒もいた。

千日回峰行も、天台宗僧侶に必須の行ではないが、あえてその過酷な行の実践を志す僧侶が、少数ながら必ずいる。このように、困難な道ではあるが、あえてブッダの行動を追体験すべく、過酷な菩薩道に入る大乗教徒もいた。これについて、レベルは違うが、私がアメリカ留学中に経験したマラソンゲームを紹介しておこう。二〇人ほどのグループで行うレクリエーションであるが、これは順位を競うのではなく、全員でゴールを目指すところにその特徴がある。これには「お世話係」が数人いて、前日にある準備をする。その準備とは以下のとおり。

コースの途中の数カ所、分岐路のところで複数の矢印を白線で示すが、ゴールへと向かう道は一本だけである。しかし、どの白線に進むかは、それぞれある程度進まないと分からないことになっている。各方向の先には、白線で「×」印（複数）、あるいは「〇」印（一つだけ）がついているので、どの道を進むべきかが分かる仕組みになっている。これを数回繰り返すことで、ゴールに辿り着くことになる。

当日、全員でスタート。複数の矢印が記された分岐路で参加者は立ち止まるが、必ず「私が先に走ってみてくる」という人（菩薩）が現れる。彼（女）たちは二、三人、それぞれの方向に走り、「×」印か「〇」印かを確かめ、分岐路に戻ってくると、「×印がついていたから、この方角はダメ／〇印があったから、この道だ」と報告する。その他大勢は分岐路で彼らの帰りを待つ（私はこのタイプ）。こうして菩薩は皆のために人一倍汗をかき、皆をゴールへと誘う。

ゴールするのは全員一緒であり、自分だけが先にゴールするわけでない。
向上の菩薩とは、人よりも多く努力をして、皆をゴールへと導く人である。モチベーションはただ一つ。「人よりも先にゴールすること（自利）」ではなく、「皆の役に立ちたい（利他）」、あるいは「皆の役に立つこと（利他）が私の幸せ（自利）だ（自利即利他）」という〝志〟である。向上の菩薩とは、このような〝志〟に基づき、自利即利他を実践しようとする人のことだ。

浄土宗の僧侶でこれを考えてみよう。浄土宗では念仏往生を説き、誰でも念仏で救われると説く。これに「出家／在家」の区別はないが、在家者でも念仏で救われるとすると、出家者の存在意義が問題になる。出家しなくても往生できるからだ。では、あえて出家する意味は何か。それは「布教（利他）」をおいて他にない。人よりもたくさん修行し、人一倍勉学に励み、人並み以上に自己研鑽して、「念仏の教えや念仏往生の喜びを人々に伝えること（利他）こそが自分の喜び（自利）である（自利即利他）」という〝志〟が問われるのである。よって、浄土宗の場合、「布教しない僧侶」は〝存在価値なし〟ということになる。〈郁伽長者所問経〉の少数精鋭菩薩とはレベルが違うが、これが浄土宗的な少数精鋭菩薩の生き方と言えよう。

向上の菩薩の「願／行／階位」

最後に、向上の菩薩（凡夫の菩薩・誰でもの菩薩）を総括すべく、第二章から第四章でとりあげた菩薩の「願／行／階位」の三者を関連させ、我々が実践可能なレベルにまで引き下げてこの問題を整理しておこう。向上の菩薩とは我々凡夫の菩薩を意味するが、菩薩である以上、「願／行／階位」も「他人ごと」ではなく「自分ごと」として受け取る必要がある。

本書では「願（誓願）」から菩薩の具体的な説明を始めたが、正確には誓願を立てる前に、まず「菩提心を発すこと（発菩提心）」が位置づけられる。これは「動機づけ（モチベーション）」に相当し、何をするにもこれがないと意味をなさない。そして、それに基づいて、次に誓願。これには総願と別願とがあった。総願とは、どの菩薩も共通して立てる普遍的な誓願、別願とは菩薩の個性に合わせて立てる特殊な誓願である。

総願を代表する「四弘誓願」の内容は「①衆生無辺誓願度　②煩悩無数誓願断　③法門無尽誓願知　④仏道無上誓願成」であり、①は「利他」、②③④は自利に関連するが、両者は別物ではなく「相即」するところに意味がある。まずは大乗仏教の理念（看板）である「利他」の誓願が配され、それを実現するために②③④の誓願が置かれる。理念としては利他が先にくるが、そのためには自利（自己研鑽）がなければならない。というわけで、四弘誓願の配置はこのようになる。これを共通の誓願とし、後は自分の特性や個性にあわせて別願を立てればよい。

では誓願を立てることの意味は何か。いかなる行動にも目指すべき目標は大事だ。目標がなければ、人間の行動はどこに向かっても収斂しない。よって、この大乗教徒の目標設定こそが、誓願という行為なのである。これを「板前」という仕事で説明しよう。

そもそも板前になるには、自分の料理で客を喜ばせようという夢があるはずだが、これが「利他」の①に相当する。しかし、これを実現するのは自己研鑽（修行）という「自利」が必要になる。包丁の研ぎ方から、出汁の取り方、魚のおろし方など、習得すべき技術や心構えは山ほどある。厳しい師匠のもとで、長期間にわたる修行が必要となろう。修業の結果、一人前となって独立し、自分の店を持ち、そこで料理を食べた客が、「今日は会社でいやなことがあったが、ここで美味い料理を食べて、ストレスはすべて吹っ飛んだ。明日からまた頑張れそうだ」と言ったら、どうだろうか。板前冥利に尽きるに違いない。

板前としての夢（利他）から出発し、その夢を叶えるための修業が「自利」、そして自利を円満して客を喜ばせるのが「利他」、そしてその利他こそが板前としての自利（喜び）となるなら、総体として板前の行為は「自利即利他」となる。これを応用すれば、「働くこと」はすべて「自利即利他」となり、その意味で、働く人はすべて菩薩となりうる。これが菩薩の行動目標だ。この行動目標（誓願）は別の意味でも重要となる。仏の前で誓いを立てることで、その誓いの実現に向けての行動が縛られるからだ。

大勢の人の前で「私はダイエットする」と公言してダイエットする場合と、誰にも告げずにダイエットする場合とを比較すれば、どちらが実現可能度が高まるかと言えば、それは前者であろう。そうしなかった場合、人から指摘されるし、公言したという事実がその人の行動を実現に向けて規制するからだ。誓いを立てることにより、自分の行動を省みることができるのも、その効用である。ましてや誓願の場合、仏に対して誓うのであるから、そうしなかった場合は仏に嘘をつくことになるので、仏に誓いを立てるという行為は、誓願の実現可能度を高める働きを持つ。

しかし、目標は立てるだけでは実現しないので、実現に向けての実際の行（行動）が重要になる。大乗仏教の場合、これは六波羅蜜であり、布施・持戒・忍辱・精進・禅定・智慧の六つが行動原理となる。そのレベルは実践する者によってさまざまだが、施しをすること、規律正しい生活をすること、耐え忍び辛抱すること、努力すること、精神を集中すること、そして智慧を獲得することが、社会生活を営む上でも大切であることは言うまでもなかろう。六波羅蜜は「どこかの崇高な菩薩」が実践することではなく、まさに「我々自身」が実践すべき徳目なのである。少数精鋭の菩薩ではなく、凡夫の菩薩（誰でもの菩薩）でも実践可能な六波羅蜜は存在する。

こうして行動目標を定め、それを実現する行を実践すれば、確実に目標の実現に向かって近づくことになる。その進捗管理で重要なのが菩薩の階位である。それが実際に十段階（あるいは五二段階）あるかどうかは別にして、我々が我々のスタンスで菩薩道を実践する場合、「今、自分はどの程度まで理想を実現できているか」という振り返りは大切だ。こうして日々、自分の目標と行動をチェックし、進捗を確認するために「階位」という考え方は重要なのである。

仏典の記述はともかく、こう考えれば、「発菩提心（動機づけ）↓願（行動目標設定）

↓行（具体的行動）↓階位（進捗確認）」は理にかなった一連のプロセスであることがわかるだろう。

三　向下の菩薩（観音菩薩など）

本節では、向下の菩薩を解説するが、そのすべてをここでカバーする余裕はないので、代表的な菩薩のみを取り上げる。まず、成立史的に釈迦菩薩の次に古い弥勒菩薩、そして大乗仏教の時代になってからもっとも人気を博した観音菩薩、また日本の菩薩を考える上で無視できない地蔵菩薩の成立と信仰についてまとめ、文殊菩薩と普賢菩薩についても簡単に触れる。そして最後に、向下の菩薩が誕生した背景について私見を述べることにする。

弥勒菩薩

本章の最後に、向下の菩薩をとりあげる。その代表は観音菩薩だが、ここではその前に弥勒菩薩を説明しよう。成立史的には弥勒（菩薩）が最も早く、初期経典中ですでに説かれているからだ。森［2015: 59–69］に基づき、初期経典所説の弥勒を整理する。「弥勒」の原語は「マイトレーヤ（Maitreya/Metteyya）」で、「慈しみ」を意味する。ブッダのつぎに娑婆世界に出現する未来仏として有名であり、初期経典の段階ですでに説かれているが、同じ初期経典でも南伝のパーリ聖典と北伝の漢訳阿含とではその内容に違いがみられる。ここではパーリ聖典所説の内容を紹介するが、その要点はつぎの四つ。

①『長部』「転輪聖王獅子吼経《てんりんじょうおうししくきょう》」は「人寿八万歳の未来世、サンカという転輪王の治世に、弥勒という世尊が出現し、比丘サンガの指導者となり、サンカも弥勒のもとで出家する」と説くが、これが弥勒伝承の最も素朴な原初形態とみなせる（漢訳『長阿含経《じょうあごんぎょう》』ではサンカが弥勒のもとで出家したとは説かない）

②ブッダを中心に過去・現在・未来という三時の時系列上に弥勒と過去仏とを結合させようとする記述がある

③弥勒の住処は「兜率天《とそつてん》」ということになっているが、パーリ三蔵のどこにも、弥勒と兜率天とを直接結びつける記述は見いだせない

④歴史的人物とされる仏弟子のティッサ・メッテーヤ（Tissa Metteyya）と弥勒菩薩とを同一視した記述はパーリ三蔵の中にはない（漢訳『中阿含経《ちゅうあごんぎょう》』では両者が同一視される）

漢訳の阿含と比較すると、細かな違いは見いだせるが、南北両伝の記述は基本的に一致するので、未来仏としての弥勒伝承の祖型は、教団分裂以前ないしは分裂の初期の頃までには成立していたと森は指摘する。ではこの弥勒菩薩が大乗仏教においてどう展開していくのかを整理

してみよう。

大乗仏教における弥勒信仰は、「下生信仰」と「上生信仰」とに大別される。簡単にいえば、前者は「遠い未来世に兜率天からこの世界に下生して衆生を救済する」、後者は「死後、弥勒が住む兜率天に上生し、弥勒のもとで修行することを願う」というものである。ではこの二つを、大乗経典の記述に基づき、もう少し詳しくみていこう。弥勒を主人公とする大乗経典は数多く作成されたが、その中で中心的な経典は「弥勒六部経」と称され、その中でもさらにコアな経典は「弥勒三部経」と呼称される。それを列挙すると、以下のとおり。

①『観《かん》弥勒《みろく》菩薩《ぼさつ》上生《じょうしょう》兜率天《とそつてん》経《ぎょう》（＝上生経）』（沮渠京声《そきょけいせい》訳：四六四年）
②『弥勒《みろく》下生《げしょう》成仏経《じょうぶつきょう》（＝下生経）』（鳩摩羅什《くまらじゅう》訳：四〇二〜四一二年）
③『弥勒《みろく》大成仏経《だいじょうぶつきょう》（＝成仏経）』（鳩摩羅什訳：四〇二年）

弥勒菩薩は現在、兜率天で説法し、修行を積み、成仏して娑婆世界に下ることを待っている。将来、成仏する弥勒は娑婆世界に下生し、弥勒の菩提樹ともいうべき龍華樹の下で覚りを開くと、その樹下で三度にわたって説法する（この説法座を「龍華三会《りゅうげさんね》／弥勒三会《みろくさんね》」という）。その後、鶏足山《けいそくせん》に伝わるブッダの法会を受け継ぎ、六万年にわたって衆生を救済するという。

この物語に基づき、未来の龍華三会の会座に参加するのを願うのが、弥勒下生信仰であり、龍華三会の前提として、まずは死後に兜率天に上生することを願うのが弥勒上生信仰である。速水［2019: 114］によれば、弥勒三部経の成立順序は、まず龍華三会の説法を中心に説く『成仏経』、つぎにその要約としての『下生経』、そして最後に『下生経』の内容をふまえて、死後の兜率天往生を主に説く『上生経』が成立したという。インドでは下生信仰がさきに成立したが、遠い未来の救済だけでは飽き足らないところから、その後に上生信仰が成立したと考える。

弥勒像の出土は二世紀後期にインドのシクリで確認され、そのほかにもガンダーラやマトゥラーでも発見されているので、二〜三世紀には弥勒信仰が存在していたと推定される。また、弥勒三部経の漢訳年代から考えて、インドでは上生信仰も四世紀末頃までには発達していたようだ（速水［2019: 118］）。

観音菩薩

アジアの各地で幅広く信仰されている菩薩といえば、観音菩薩の名前が思い浮かぶ。弥勒菩薩と違い、観音菩薩は大乗経典になって初めて説かれるようになった菩薩で、その救済力は仏と比べても遜色がない。また観音菩薩の特徴は、千手《せんじゅ》観音・十一面《じゅういちめん》観音・馬頭《ばとう》観音など、その変幻自在さにある。ではまず、その語義から考えてみよう。

「観音」という訳語は、「アヴァローキタスヴァラ（Avalokitasvara）」というサンスクリットを想定している。複合語の前分 Avalokita は ava√lok（観る）の過去受動分詞で「観られた」を意味する。後分の svara は「音」を意味し、全体で「観（世）音」と漢訳される。『法華経』「普門品」は、「若し無量百千万億の衆生ありて諸の苦悩を受けんに、この観世音菩薩〔の名〕を聞きて一心に名を称えれば、観世音菩薩は即時にその音声を観じて、皆解脱することを得せしめん」と解釈するが、「音を観じる」というのは強引な解釈である。

そこで再び、原語に戻って考えよう。もう一つの候補は「アヴァローキテーシュヴァラ（Avalokiteśvara）」である。複合語の前分 Avalokita は同じだが、後分は īśvara であり、「〜できる」という形容詞、あるいは「自在者」という名詞を意味するので、複合語全体で「観ることが自在な（者）」という意味から「観自在《かんじざい》」と漢訳される。『般若心経』の冒頭に登場する、あの「観自在菩薩」だ。「イーシュヴァラ（īśvara）」はヒンドゥ教のシヴァ神の別名ゆえに、観音菩薩がヒンドゥ教の影響で誕生したとも考えられる。

言語的には Avalokiteśvara が古形だったが、伝承の過程で転訛が生じ、Avalokitasvara が誕生したと推察される。ともかく、ここでは広く流布している「観音」の名称を用い、佐久間［2015］に基づいてインドの観音菩薩を解説しよう。佐久間は、アジアに展開した観音信仰には、少なくとも以下の三つの系統が考えられるという。

①大乗仏教に基づく系統：現世利益をもたらす慈悲の具現者として、救済する相手に応じて自

在に姿を変え、現実的な救いを求める人々の願いに応えるもの

②密教信仰に基づく系統：多くの顔や手（多面・多臂）を具えた呪術的威力を持つ観音信仰であり、ヒンドゥ教などの異宗教に影響を受け、変幻自在に姿を変える観音に対する信仰で、これらの観音は「変化観音（密教的な観音）」と呼ばれる

③中国特有の信仰に由来する系統：インドに起源を持たない観音信仰

ここではインドの観音信仰を扱うので、①と②を中心に話を進めるが、観音菩薩の特徴は、その変幻自在さにある。困難に陥った衆生に合わせ、自らの姿を変化させて衆生を救済するのが観音菩薩の特徴だ。では、その文献的根拠はどこに求められるのか。〈法華経〉「普門品《ふもんぼん》」をみると、主役を演じる観音菩薩のことが詳説される。

インド原典では、観音は仏・菩薩・独覚・声聞・梵天・帝釈天など一六の化身の姿をとり、相手に応じて教えを説くという。〈法華経〉の漢訳は三本あり、中国や日本で最も流布したのは鳩摩羅什訳『法華経』だが、さきの原典に相当する漢訳をみると、その化身の数は三三に増加する（これが日本の西国三十三所の観音霊場巡礼の根拠となる。後述）。その化身の中身を比較対照すると、重なる項目もあるが、原典あるいは漢訳のみに説かれているものもある。この比較から、佐久間は三つの相違点に着目する。

①原典では仏や修行者が中心に説かれるが、漢訳では世俗の人間（長者・居士・在俗信者）も説かれ、思い切った神的存在の一般化・世俗化がみられる
②原典における化身はすべて男性であるが、漢訳では比丘尼や優婆夷《うばい》（女性在家信者）、また長者婦女や居士婦女など、女性の化身の姿もとることが説かれている。これに基づき、中国や日本では観音菩薩が女性化してくると考えられる
③原典では八部衆（仏法を守護する八種の神々）のうち二種が説かれるにすぎないが、漢訳では八部衆すべてが化身として説かれ、観音の化身が仏法を守護する役割を持つことが強調されている

これ以外にも原典に説かれる化身で特徴的なのは、ヒンドゥ教の神や民間信仰の神であるヤクシャ（夜叉）といった仏教以外の存在も化身としている点だ。インドで神的存在が化身して生類を救う発想はヴィシュヌ神の化身信仰にも認められるため、観音信仰にインド宗教の影響を認める研究者もいる。ともかく、民間信仰レベルにおいて、仏教とヒンドゥ教とは共通する基盤を持ち、インドの人々の心をとらえるために、すでに知られていたヒンドゥ神の表現方法が部分的に取り入れられた可能性がある。

観音信仰

観音信仰の特徴は、諸難を救済する現世利益の側面である。たとえば〈法華経〉「普門品」では、種々の厄難に遭遇しても、観音菩薩の名前を大声で叫んだり（称名）、観音菩薩の名前を聞けば（聞名）、諸難を逃れることができ、また観音菩薩を信仰すれば煩悩が消えたり、子宝に恵まれるなど、所願が成就するともいわれる。このように現実の人間が観音菩薩の救済の対象になる一方で、六道の悪趣に堕ちた衆生も救済の対象となる。このように、衆生のニーズに合わせて救済の目的と手段を提供するのが観音信仰の基本であるから、インドのみならず、アジアの各地において絶大な影響力をもった。

また観音菩薩は、大勢至菩薩とともに阿弥陀仏の脇侍として浄土経典にも登場する。たとえば浄土三部経の一つである『観無量寿経』によれば、観音菩薩の身の丈は八十万億百万ヨージャナ（一ヨージャナ≒七・五キロメートル）もあり、全身から発する光明の中に輪廻の世界にある衆生の姿形がすべて映し出されるという。阿弥陀仏の光明と同じように、観音菩薩の光明も衆生救済の働きを象徴し、浄土に生まれ変わった衆生のみならず、六道に輪廻する娑婆世界の衆生にも及んでいることがわかる。

観音菩薩は阿弥陀仏の脇侍として極楽浄土にいると考えられる一方で、『華厳経』「入法界《にゅうほっかい》品《ぼん》」では補陀洛山《ふだらくせん》（ポータラカ）という霊場に住むとも考えられていた。「入法界品」は、善《ぜん》財童子《ざいどうじ》（スダナクマーラ）が五三人の善知識《ぜんちしき》（善き友）を歴訪し、菩薩道の実践とは何かを問う物語であり、その二七番目の善知識として観音菩薩が登場するが、観音菩薩は補陀洛山の山頂の西側にいるとされる。

玄奘の『大唐西域記《だいとうさいいきき》』も補陀洛山に言及する。その山は非常に険しいため山頂まで辿り着く者は極めて少なく、山の下の住民がその姿を見たいと祈願すれば、観音菩薩は自在天（シヴァ神）の姿となって人々を慰め諭すというが、ここにも観音信仰とヒンドゥ教との関係を見いだすことができよう。さらに、この観音信仰や補陀洛山の信仰はチベットにも伝えられ、大きな影響を与えた。たとえば、チベット仏教ゲルク派の法王ダライ・ラマは観音菩薩の化身と考えられ、その宮殿はポタラ宮殿と言われているが、これは補陀洛山（ポータラカ）にちなんだ名前である。

つづいて、密教化した「変化観音」を概観してみよう。インドでは正統宗教のバラモン教とインド土着の宗教とが習合し、ヒンドゥ教を誕生させた。ここで礼拝される神々は基本的に人の姿で表現されるが、中には多面・多臂を持つ者や獣頭人身を持つ者など、多種多彩であり、その表現方法は「化身（avatāra）」と「相（mūrti）」の二つがある。「化身」とは「神が正体を隠して何かに化けること」を意味するが、「相」とは「最初からその姿を明かしてさまざまな姿を現す」ことをいう。これをふまえていえば、変化観音には「相」に似た表現方法が見いだされるので、十一面観音や千手観音などの変化観音は観音菩薩の〝化身〟ではなく、それぞれが観音菩薩〝そのもの〟なのである。

また変化観音の姿には、ヒンドゥ神の図像学的特徴の一部が少なからず「転移」しているという。転移とは、ある尊格の図像学的特徴が、別の尊格の特徴として取り込まれることを意味する。変化観音の場合、ヒンドゥ教の図像学的特徴は、敵対する要素としてではなく、融和すべき要素として取り入れられるのが一般的であるが、それは仏教とヒンドゥ教との間の摩擦を緩和する役割を果たしていると佐久間は考える。

さらに観音信仰で注意すべきは、呪文・陀羅尼・真言との関係である。さきほど、観音菩薩の名前を称えたり、名前を聞くことが、厄難回避につながると説明したが、これは観音の名前そのものが呪文のような働きを持っていることを意味する。密教では神秘的威力を持つ陀羅尼が重視され、変化観音の信仰基盤となり、観音と呪文とは表裏一体のものとして信仰された。

こうして誕生した変化観音も、その成立時期から前期と後期に分けて整理される。前期変化観音は、千手観音・馬頭観音・十一面観音・准胝《じゅんてい》観音・如意輪《にょいりん》観音などである。一方、後期変化観音は前期変化観音よりも成立が遅いもので、中国や日本への影響はあまりないのでここでは省略し、前期変化観音のいくつかを簡単に紹介する。

・十一面観音：これは『法華経』「普門品」の章名である「あらゆる方角に顔を持つ（向ける）者」という観音の特性が「十一面」の由来とも言われる。この数字は、本体の顔（一）と「十方（四方＋四維＋上下）を見る顔」との合算に基づくが、十方はこの場合「あらゆる方向／全方角」を象徴している。助けを求める衆生を一人も漏らすまいと全方向に注意を凝らす姿が象徴されている

・千手観音：「千手千眼」とも表現され、千手のみならず千眼を持つとされる。バラモン教の聖典『リグ・ヴェーダ』には「原人プルシャは千頭・千眼・千足を有す」、ヒンドゥ教の聖典『バガヴァッド・ギーター』には「ヴィシュヌ神は千手を持つ」とも形容され、インド宗教の神との関係が深い。「千手」はあらゆる衆生をさまざまな方法で救済することを象徴している

・不空羂索《ふくうけんじゃく》観音：原語は「アモーガ・パーシャ（Amogha-pāśa）」であり、「確実な縛縄」を意味する。この縛縄で必ず厄難に陥った衆生を救い取るという

・如意輪観音：原語は「チャクラヴァルティ・チンターマニ（Cakravarti-cintāmaṇi）」であり、「どこでも自由に転がり、衆生の願いを何でも叶えてくれる宝のごとき者」を意味する

・馬頭観音：原語は「ハヤ・グリーヴァ（Haya-grīva）」であり、「馬のたてがみを有する者」を意味する。仏教の神格としては異形であり、馬頭にも化身するヒンドゥ教のヴィシュヌ神の影響が考えられる。馬頭は激しい怒りで害悪を滅ぼしたり（忿怒尊）、生命に関しては神秘的な力を備えていると考えられていた

・准胝観音：「准胝」はサンスクリットの√cud（励ます／鼓舞する）に由来する「チュンダ

ー（Cundā）」の音写であり、仏教の修行に邁進する者を鼓舞し励ます菩薩とされる。本来は女神であったが、仏教内部に取り込まれ、准胝の陀羅尼を唱えれば観音菩薩に見え、望みが叶えられると説かれたことで、両者は結び付き、准胝観音という新たな尊格が誕生したとみられている

地蔵菩薩

地蔵菩薩は、日本でも観音菩薩と同様に広く信仰されている人気の菩薩だ。下泉［2015］に基づき、紹介するが、まずは語義から見ていこう。「地」の原語は「クシティ（kṣiti）」で「大地」を、また「蔵」の原語は「ガルバ（garbha）」で「子宮／蔵」を意味するので、全体として「大地を自分の蔵とする者」の意となる。大地の神格化は古代文明に共通して見られ、農産物・鉱物・樹木を生み出す神として母にも喩えられる。

「大地」を表すサンスクリットは「プリティヴィー（pṛthivī）」の方が一般的だが、クシティもプリティヴィーも女性名詞であり、プリティヴィーは後に守護神として仏教に取り入れられた。ブッダは菩提樹の根元に座り、右手の指で大地に触れて悪魔の誘惑を退け、覚りを開いた話は有名だが、このときの印相を「触地印《そくちいん》」という。ともかく、大地に対する信仰は、大乗仏教で地蔵菩薩という新たな尊格を形成することになった。

では、こうして誕生した地蔵菩薩は、経典の中でどのように説かれているのか。地蔵菩薩の

功徳を説く経典は「地蔵三経」と呼ばれ、『地蔵菩薩本願経《じぞうぼさつほんがんきょう》』『大乗大集地蔵十輪経《だいじょうだいじゅうじぞうじゅうりんぎょう》』（地蔵十輪経）』『占察善悪業報経《せんざつぜんなくごうほうきょう》』を指す。これ以外にも『預修十王生七経《よしゅうじゅうおうしょうしちきょう》』（中国撰述の偽経）『地蔵菩薩発心因縁十王経《じぞうぼさつほっしんいんねんじゅうおうきょう》』『延命地蔵菩薩経《えんめいじぞうぼさつきょう》』（日本撰述の偽経）なども地蔵菩薩を説く経典として有名である。では最も詳細に地蔵菩薩の功徳を説く『地蔵菩薩本願経』の内容を簡単に紹介しよう。訳者はコータン出身の実叉難陀《じっしゃなんだ》（六五二〜七一〇）であり、全部で一三章からなる。

本経は、ブッダが天界で母に説法しているとき、文殊菩薩に地蔵菩薩の過去世について説明するという形式をとる。過去世において、あるバラモンの女性がいた。彼女は仏教を深く信仰していたが、その母は仏教を軽んじていたため無間地獄に堕ちた。彼女は自分の母の後生が心配になり、母を救うために寺で大いに供養を行い、寺に祀られていた覚華定自在王《かくけじょうじざいおう》如来に母の在処を訪ねると、虚空から声がし、如来の名前を念ずれば、在処がわかるという。

そのとおりにすると、彼女は地獄に至り、地獄の鬼に母の在処を尋ねると、鬼は「彼女は地獄に堕ちていたが、孝行な娘が母のために供養した功徳により、三日前に天界に再生した。しかし彼女だけでなく、無間地獄の罪人は皆ことごとく天界に再生し、幸せになった」と告げる。これを聞いた彼女は現世に戻り、如来の前で、未来永劫、さまざまな手段を講じて罪深き衆生を救おうと誓願を立てた（第一章）。

次章では、無数の地蔵菩薩の分身と、その地蔵菩薩に救済された者たちが集まってくると、ブッダは彼らにこう告げる。「私は煩悩にまみれた悪世で、女性・男性・神・国王など、さまざまな姿をとって罪深き衆生を救ってきたが、今後はこの役割を地蔵菩薩に任せる」と。弥勒菩薩が五六億七千万年後に現れるまでの間、衆生を救うように地蔵菩薩に告げたのであった。これを聞いて、無数の地蔵菩薩の化身は集まって一つとなり、その身を分かって無限の衆生を救済することを誓った。

このあと、地蔵菩薩の功徳がいろいろと説かれる。たとえば、第四章では「悪業を犯して、苦に満ちた悪趣に堕ちた衆生でも、地蔵菩薩に帰依し供養するならば救われる」、また第六章では「地蔵菩薩の名前を聞き、その姿を見、この経典のわずかな文句を聞くならば、現世でも来世でも幸せになる」と説かれている。

つぎに玄奘訳の『地蔵十輪経』をみていこう。本経の主旨は、地蔵菩薩が五濁《ごじょく》悪世・無仏世界に現れて衆生を導くことを説くことにある。本経は全部で八章からなるが、地蔵菩薩の功徳を説くのは第一章「序品」だけである。ここでの内容は、つぎのとおり。ブッダが「地蔵菩薩は苦悩する衆生を救済してくれる」と説くと、南方から大勢の眷属を伴い、声聞形（僧侶の姿）で地蔵菩薩が現れ、「清浄の国を捨て、煩悩にまみれた衆生を救済する」と宣言した。多くの衆生を救うために、毎朝、菩薩は禅定に入り、禅定の力で衆生を導き、またあらゆる世界に身を現し、衆生の求めに応じて苦を除き、楽を与える。いかなる苦に苛まれている衆生も、地蔵菩薩の名前を称え、礼拝供養するならば、地蔵菩薩はその苦を除いてくれるという。

最後に、『延命地蔵菩薩経』を紹介しよう。本経は地蔵菩薩の功徳を具体的に説き、内容も平易で、経文も短いので、大いに民間に流布したと考えられている。日本撰述の偽経ではあるが、その精神は大乗仏教の精神である「代受苦」をよく伝えている。

「地蔵菩薩はさまざまな者に姿を変えて衆生を救う」とブッダが説法していると、地蔵菩薩が大地から現れ、錫杖を持ってブッダにこう告げた。「私は毎朝、禅定に入り、地獄に赴いては苦の衆生を救済している。（中略）私は衆生がすべて成仏したら成仏するが、一人でも残っていたら成仏しない」と。これを聞いたブッダはこの誓願を誉め、「罪深い衆生を地獄に堕とさぬように」と告げると、地蔵菩薩はこう答えた。「六道の衆生を救い、もし重苦を受けている衆生がいれば、私が代わってその苦を受けよう。そうでなければ、成仏することはない」と。

文殊菩薩と普賢菩薩

これまでにとりあげた菩薩以外にも、信仰の対象となった菩薩が数多く存在するが、ここでは「釈迦三尊」として釈迦仏の脇侍を務めることが多い文殊菩薩と普賢菩薩の二菩薩についてのみ簡単に触れておく（速水［2019: 132-168］）。

智慧を象徴する菩薩として有名な「文殊菩薩」の原語は「マンジュシュリー（Mañjuśrī）」であり、「文殊師利／曼殊室利」と音訳されるが、原意は「麗しき（mañju）吉祥（śrī）」である。智慧を象徴するので、般若経典では般若波羅蜜を宣揚する菩薩として登場する。『維摩経』

では在家の維摩居士にやり込められる役回りを演じるが、文殊菩薩は一世紀末頃までには成立していたとされる観音菩薩よりは、やや後の時代に成立したと考えられている。『華厳経』「入法界品」では、善財童子が文殊菩薩の導きで求道の旅をはじめ、五三人の善知識のもとを次々と訪れるが、五三人目に再び文殊菩薩のもとに還り、文殊の教えにより、最後は普賢菩薩を訪問して覚りを開く。

つぎに、その「普賢菩薩」だが、原語は「サマンタバドラ（Samantabhadra）」で、「普く（samanta）賢い（bhadra）者」を意味する。文殊の「智」に対し、普賢は「行」の菩薩と呼ばれることもある。菩薩の願（総願）を説明した際、「普賢行願品」所説の普賢の十大願を紹介したが、普賢菩薩は願とともに行を象徴する菩薩でもある。経典所説の特徴をまとめると、普賢は広大無辺の願と行とを具足し、時と場所とを選ばず、普く一切の仏国土に姿を現して、法華の行者を守護し、懺悔する人々の罪障を除く菩薩である。

二人の形像の特徴は、その乗物にある。文殊が獅子に、普賢が白象に乗っている姿は有名であろう。文殊と獅子とを結びつけた最初の経典は、初期の密教経典で、六五三年に漢訳された『陀羅尼集経《だらにじっきょう》』である。その経には、「(文殊の) 身は皆白色にして頂背に光あり。七宝の瓔珞、宝冠天衣種種荘厳し、獅子に乗ず」とあり、これに基づいて文殊が獅子に乗る形像が誕生した。

一方、普賢と白象とを結びつける根拠は『法華経』「普賢菩薩勧発品《ふげんぼさつかんぼっぽん》」に見いだせる。そこで普賢は仏滅後の法華経護持に関して誓願を立てるが、その内容は「仏滅後の末の世に、私は六本の牙を有する白象に乗り、多くの菩薩を引き連れて現れ、人々に法華の修行を勧め、法華の行者を守護しよう」とある。よって、この記述に基づき、普賢菩薩は六牙の白象に乗るという形像が誕生した。

向下の菩薩が出現した背景

本章の最後に、向下の菩薩が出現した理由について私見を述べる。なぜ大乗仏教の時代、観音菩薩のように、仏と変わらぬ救済力を発揮する菩薩が誕生したのか。要因は一つではないが、ここでは最も本質的と考えられる要因を探り当ててみたい。

仏教は単なる思想や哲学ではなく、宗教である。しかも苦からの解脱を目指す宗教であるが、苦から解脱する方法は多種多様だ。自力で修行して煩悩を滅し、自ら苦から解脱すればよい。それができる宗教的エリートにとっても救済者たる仏が重要なのはたしかだが、大半の凡夫たる人間にとって救済者の存在は宗教的エリート以上に必要不可欠である。観音菩薩や地蔵菩薩を必要としたのは、宗教的エリートではなく、地獄を含めた娑婆世界で呻吟する罪深き衆生であり、また観音菩薩や地蔵菩薩が救済の対象としたのは、宗教的エリートというよりも、そのような罪深き衆生であった。向下の菩薩と罪深き衆生は相思相愛であり、そこに宗教的エリートの入り込む余地はない。

経典には、菩薩（この場合は「向上の菩薩」）や衆生が無仏の世を嘆く話がみられる。伝統仏教以来、一世界一仏論《いちせかいいちぶつろん》は大きな影響力を持ち、ブッダの死後、娑婆世界では五六億七千万年さきに弥勒仏が出現するまで無仏の世とされたが、救世主を欲した大乗教徒たちは世界観を広げることで一世界一仏論に抵触することなく、複数の現在他方仏の存在を確保したことはすでに説明した。だが、無仏の娑婆世界で現在他方仏に会えるのは、禅定や三昧に熟達した宗教的エリートだけであり、娑婆世界で暮らす大半の凡夫の菩薩や衆生は依然として無仏の世に取り残されたままだ。

ここで、第一章「仏像と菩薩像」の話を思い出してほしい。最初期、仏の姿を造形で表現することはタブー（偶像の禁止）だった。しかしマトゥラーでは、造型表現は明らかに仏像なのに、銘文では「菩薩像」と記してあることから、菩薩像という名目（言い訳）で古来から伝統的に存在する仏像不表現という理念との妥協を図ったのではないかという高田の説を紹介した。この発想を借りれば、向下の菩薩が誕生した背景には、一世界一仏論に抵触せずに現実の苦を救ってくれる救済者として菩薩を起用したのではないかという可能性が浮上する。仏像の場合と同じく、「仏はダメだが、菩薩なら大丈夫」という発想だ。

無仏の世だが、仏と変わらぬ救済力を発揮する菩薩は複数いても問題はなく、人々は彼らが自分たちの苦を救ってくれると期待した。つまり、向下の菩薩は一世界一仏論に觝触しないように創作された「無仏の世の救済者」であり、それゆえ向下の菩薩は「仏の特質を擬人化したもの」と考えられる。「文殊は智慧、観音は慈悲の権化」と言われる所以だ。地蔵菩薩を説明した際、ブッダの滅後、弥勒仏が現れるまで、自分に代わって衆生救済の任を地蔵菩薩に託したブッダの言葉を紹介したが、このブッダの言葉こそ、無仏の世に向下の菩薩が救済者として求められたことを雄弁に物語っている。

このような向下の菩薩の出現などにより、従来の涅槃観も変容を余儀なくされた。涅槃(nirvāṇa/nibbāna)は「蝋燭《ろうそく》の火(=煩悩の火)が吹き消された状態」とも言われる。つまりは覚りの境地を意味し、仏伝ではブッダが三五歳で覚りを開いた状態を涅槃という。しかし後代になると、「ブッダの死」も涅槃というようになり、前者の涅槃を「有余涅槃《うよねはん》(肉体という残余の有る涅槃=心の涅槃)」、後者を「「無余涅槃《むよねはん》(肉体という残余もない涅槃=身心の涅槃)」と区別されるようになった。心は解脱しても体が残っているかぎり、さまざまな肉体的制約(怪我や病気をするなど)を受けるので、死をもって完全な状態に入ると考えられたのである。

しかし涅槃に入ってしまえば、衆生や娑婆世界との関係は断たれてしまう。そこで考え出されたのが「無住処涅槃《むじゅうしょねはん》」だ。大乗の菩薩は「智慧あるが故に生死に住せず、慈悲あるが故に涅槃に住せず」と言われ、生死(迷いの世界)にも涅槃(覚りの世界)にも留まらず(無住処)、利他行に専心するのが菩薩の理想と考えられたのである。

なお大乗経典には、本章で取り上げた向下の菩薩以外に、固有名詞を伴った数多くの菩薩たちが登場する。たとえば大乗経典の冒頭で列挙される、ブッダの説法の会座に参加した菩薩たち、大乗経典の脇役として、あるいはエキストラ的に登場する菩薩たちだ。これらは歴史上の人物ではなく、大乗経典という物語に登場する架空の菩薩であり、基本的には向上の菩薩である。しかし、そうであったとしても、何らかの事情により、ある菩薩に注目が集まるようになれば、そこに〝魂〟がこもり、新たな向下の菩薩として信仰を集めるようなこともあったのではないかと想像されるのである。

第六章　菩薩信仰の展開

本章では、インド本土を離れた向下の菩薩がアジアの各地でいかに信仰されてきたのか、つまり菩薩信仰の展開についてまとめる。地域としては、スリランカ・チベット・中国・日本を取り上げ、向下の菩薩については、弥勒菩薩・観音菩薩を中心に、その菩薩信仰の展開を概観する。とくに中国においては観音菩薩の女性化の問題、また日本では、弥勒菩薩と観音菩薩に加えて地蔵菩薩、また神仏習合や本地垂迹説に関連して八幡大菩薩についても解説する。

一　スリランカ

弥勒信仰

森［2015: 69–131］は、ブッダ時代の仏教を現在でも色濃く伝えるとされるスリランカで大乗仏教がいかに展開したかという視点から考察を加えている。その際、森は文献・造形・碑文の三つを手がかりとしているので、以下これに沿って弥勒菩薩の展開を整理してみよう。

まず文献からであるが、一口に文献といっても、その性質や成立の新古などによっていくつかに分類しなければならない。まず聖典としての三蔵（経《きょう》・律《りつ》・論《ろん》）、準聖典と認められている文献、五世紀前半から六～七世紀にかけて、ブッダゴーサをはじめとする注釈家が制作したアッタカター（注釈）文献、そのアッタカターをさらに注釈したティーカー（復注）文献、スリランカの正史である歴史書、弥勒伝承をテーマとする独立単行の弥勒文献『未来史（Anāgata-vaṃsa）』（制作年次は不明。パーリ韻文体）、そして弥勒菩薩を含む計十人の菩薩誕生物語集『十菩薩誕生物語（Dasa-bodhisatt-uppatti-kathā）』（一四世紀後半に制作されたパーリ散文体）がある。

パーリ三蔵の弥勒伝承についてはすでにみたとおりであり、準聖典の記述もその域を出るものではないが、アッタカターの段階になると変化が現れる。弥勒菩薩に関する記述が詳細になり、過去仏とともに弥勒仏の名が併記されるようになる。そして特筆すべきは、スリランカの歴史上の長老が弥勒信仰を持っていたことが述べられるようになったことだ。ティーカーにおいても、末尾偈において復注家が弥勒信仰を表明するようになり、弥勒伝承が僧団の指導者層にも深く浸透し、定着していたようだ。

さらに歴史書には、歴代の国王等の弥勒信仰に関わる伝承や事績が記されている。たとえば、ドゥッタガーマニー・アバヤ王（在位：紀元前一六一〜一三七）の兜率天上生伝説が詳しく説かれたり、偉大な注釈家ブッダゴーサは後の長老たちによって「彼は弥勒菩薩である」と称賛されていた。また歴史書には歴代の国王が弥勒像を造形したという記述も見いだせる。

一方、弥勒文献『未来史』は、その分量は多いものの、教理思想的には上座部の枠を逸脱せず、大乗思想や大乗的要素は見いだせない。そして最後の『十菩薩誕生物語』は十人の菩薩の誕生物語を扱うが、その最初である弥勒菩薩の記述が最も詳細であり、質量ともに全十話を代表する。その内容は非上座部的な教理思想や伝承を含むので、上座部伝承としては異質異端だが、大乗の弥勒伝承とまではいえないと森は指摘する。

つぎに、造形（弥勒像）についてみていこう。スリランカで出土発見された大乗尊像は全部で少なくとも一四四体あるが、その中で弥勒像は二二体あり、観音像の三七体について二番目に多い。その制作年代は古いもので六世紀の像例もあるが、その多くは七〜九世紀頃という。インド本土との関連については、ポスト・グプタ時代（五世紀中頃〜八世紀中頃）に造営された西インド後期石窟寺院の像例や、それに続く東北インドのパーラ朝時代（八世紀中頃〜一二世紀）の像例との顕著な類似性がみられる。これをモチーフ別に分類すると、単独像、過去仏と一連の像、そして一仏二菩薩の三尊形式像の脇侍、という三項に分けられるという。

また碑文については四点確認されているが、いずれも一四〜一五世紀のものであり、弥勒と観音が対照的に併記されている等の特徴があるという。ともかく文献中には見いだせなかったスリランカの大乗弥勒菩薩の存在が、造形という「物証」によって明確に検証されたと森は結んでいる。

観音信仰

スリランカの観音信仰は、弥勒と違って文献にはまったく現れない。この事実をもって森［2015: 292］は、「今日のパーリ文献を制作伝持してきた上座部大寺派が、少なくともそのサンガの公式態度ないしは思想信仰上の立場としては、観音菩薩を忌避し無視し続けてきたという彼らの基本姿勢の証と考えてよいであろう」と指摘する。

では、碑文はどうか。碑文の数自体は極めて少ないが、一つだけスリランカの観音信仰を理解する上で重要なサンスクリット碑文が残されている。島の東北部の海港近郊にあるティリヤーヤ僧院跡の側で発見されたティリヤーヤ岩面碑文は、一仏二菩薩（仏・観音・文殊？）を奉祀した仏塔中心の塔堂について述べる。この塔堂と碑文の建立者は、七〜八世紀頃に南インドから移住してきた貿易商人のギルド集団であり、彼らは観音信仰を持った大乗の在家信者だった。たった一つの例だが、スリランカの観音信仰が本土インドの在家信者によってもたらされたことを伝える重要な物証である。

最後に造形だが、さきほど触れたように、スリランカにおける大乗尊像一四四体のうち、観音像の数は最も多い三七体にあり、全体の四分の一を超える数量である。文献（文証）にはまったく観音が現れない一方で、観音像（物証）は数多く制作されているから、文証と物証の間の大きな乖離落差は、それ自身、スリランカの上座部の示す観音信仰の一大特徴であると、森は指摘する。このように、信仰の本音と建前は大きく食い違うことは珍しくない。

ではつぎに、その制作年代についてまとめる。観音像はおよそ八〜九世紀をピークとして、七世紀から一〇世紀にかけて連続的に制作された。とすれば、六〜七世紀にその最初の作例が確認できる弥勒像の方がやや早くインドから輸入制作されたことになる。弥勒菩薩は伝統仏教以来、経典に説かれる伝統的な自分たちの未来仏であったから、インドからの新たな潮流は、それがたとえ大乗の菩薩であったとしても、比較的受け入れやすかったと推察され、それを突破口にして観音像の伝来制作も、スリランカで普及していったのではないかと森は推論する。

その図像的特徴だが、スリランカの現存観音像は、その像数が最多であるだけでなく、その図像的内容も実に多様であるという。「向下の菩薩」で説明したように、観音菩薩の特徴はその変化の多様性にあるから、その特徴はスリランカでも失われていないことがわかる。たとえば、化仏戴冠の観音菩薩修行者像、持物掌握の菩薩修行者像、化仏戴冠の観音・弥勒装飾像、一仏二菩薩尊像群、ターラー随侍の四臂菩薩装飾像、輪王坐の大乗尊像、遊戯輪王坐の大乗尊像、半跏趺坐の大乗尊像、三曲法の大乗尊像、そして遊戯坐の大乗尊像などがある。

二　チベット

弥勒信仰

小野田［1995］に基づき、チベットの弥勒信仰を紹介しよう。チベットにも弥勒の上生信仰や下生信仰は伝わり、未来仏としての性格も変わらないが、マイトレーヤ（弥勒）は未来仏であると同時に、歴史上の人物と見なされる場合がある。大乗仏教でも瑜伽行唯識学派の論書にはマイトレーヤ作とされるものが少なくない。チベット仏教のみで採られる説に「弥勒五法（ジャムチュデガ）」があり、唯識思想や如来蔵思想の源泉とされる『大乗荘厳経論頌《だいじょうしょうごんきょうろんじゅ》』『中辺分別論《ちゅうへんふんべつろん》』『法法性分別論《ほうほっしょうふんべつろん》』『現観荘厳論《げんかんしょうごんろん》』『宝性論《ほうしょうろん》』の五つの論書は、弥勒の作という。しかし、これらは、アサンガ（無着）がマイトレーヤから宗教的な啓示を受けて著した書と考えるのが妥当であろう。アサンガとマイトレーヤについては、つぎのような話がチベットの『プトゥン仏教史』にみられる。

アサンガが山の洞窟で修行に励むこと三年に及んだが、一向に進展しなかった。失意にくれたアサンガは老人に会い、「忍耐を失うことなく進めば、掌だけで山をも崩すことができる」と言われ、一二年間さらに修行に励んだが覚りを開けなかった。悲嘆に暮れて洞窟を出たアサンガは、一匹の犬が蛆虫に啄まれ、苦しんでいるのを見た。大悲心を起こした彼は蛆虫を殺さずに犬を救い出す方法を考え、ナイフで自分の肉を削ぎ落とし、それを蛆虫に与えようとした。しかし、手でやれば蛆虫を殺すかもしれないので、自分の舌で蛆虫を自分の肉に移そうとして目を閉じた瞬間、犬は忽然と姿を消し、マイトレーヤが神々しい姿で立っていた。「どうして今まで姿を現さなかったのですか」とアサンガが詰め寄ると、マイトレーヤは「私は最初からここにいる。お前の煩悩が邪魔して見えなかっただけだ。今、お前が大悲心を起こしたために、心が浄められ、私を見ることができたのだ。嘘だと思うなら、私を担いで人々に見せよ」と答えた。言われたとおりにすると、誰もマイトレーヤの姿には気づかなかった。この後、マイトレーヤはアサンガを兜率天に連れて行き、アサンガの求めに応じて「弥勒五法」を著したという。

つぎに庶民レベルにおける弥勒信仰をみてみよう。チベットやブータンでは「トンドル（見て解脱する）」と呼ばれる、仏像や仏画のご開帳の祭りがある。その像を見るだけで未来に解脱できるという信仰だ。このトンドルには弥勒の上生信仰と下生信仰とが渾然一体になっているという。

最後に造形だが、チベットで最大の弥勒仏像（座像）は、タシルンポ僧院集会堂に安置されているものであり、台座が四メートル、仏像は二二メートルもあるという。奈良の仏高が一五メートル、またそのモデルとなった龍門石窟奉先寺《りゅうもんせっくつほうせんじ》の盧舎那仏《るしゃなぶつ》が一七メートルであるから、その高さはチベットのみならず世界で最大ということになる。

観音信仰

チベットの観音信仰は、ダライ・ラマを神格化するための道具としても使われた。チベット建国の王であるソンツェンガムポ王を観音菩薩の化身とし、その延長線上にダライラマの存在を規定したが、その物語は一四世紀に作られたと考えられている。では石濱［2010: 382-390］に基づき、その内容を紹介しよう。

現在のダライ・ラマは「一四世」だが、これは血縁で代々継承されてきたのではなく、前代が亡くなれば、その生まれ変わりとされる人がその後を継ぐので、一四人のダライ・ラマは本質的に「一人の人間」なのである。またダライ・ラマは、人によって、神王（God king）、精神的指導者（グル）、平和運動家、そしてチベット難民のスポークスマンとも見なされるが、チベット人には「観音菩薩の化身」である。すでにみたように、観音菩薩は変幻自在であるから、ダライ・ラマの多面性・多様性は、観音菩薩の化身にふさわしいともいえよう。

つぎに、サキャ派の年代記『王統明示鏡』を手がかりに、チベットの歴史的神話の中で観音菩薩とチベットとの関係を確認する。かつて観音菩薩は有雪の国（チベット）の衆生に思いをかけ、こう誓った。「私は一切の衆生を幸せにしたい。とくに有雪の国の衆生をすべて安らかにしたい。そうするまで、私は一瞬たりとも自分の幸せは考えない。それを考えたなら、私の頭は十に砕け、この身体は千々に砕けるように！」と。

観音菩薩は懸命に努力したが、結果は有雪の国の人々の百分の一も幸せになっていなかった。

そこで観音菩薩は落胆し、一瞬だけ自分の幸福を思う気持ちが起きたため、誓いのとおり、彼の頭は十に砕け、その身体は千々に砕けてしまった。それを見た阿弥陀仏は直ちにそこに現れ、観音菩薩の砕け散った頭と身体をまとめると、こう言った。「苦しまなくてもよい。十に砕けたあなたの頭は十の顔につくって祝福した。その上に私の顔をのせ、十一面として祝福した。千に砕け散ったあなたの身体は千本の手となして祝福した。千本の手のそれぞれの掌には千の眼をつけて祝福した。この千手千眼の力により、有雪の国の衆生を仏の教えに導くがよい」と。

これに続き、チベット人の由来がこう説かれる。「観音菩薩はインドからチベットに渡ってきた菩薩のサルとチベットの岩の魔女との結婚を祝福し、二人に間に子猿が生まれた。観音菩薩が子猿たちに文化を授けると、子猿の尾は消えて人となり、これが最初のチベット人となった。しばらくしてチベット人の精神が仏教を理解できるまでに成熟すると、観音菩薩は光を放ち、その光がチベット王妃の胎に入ると、そこから生まれた王子は一三歳で即位し、チベットを統一すると、インドと唐から仏教を輸入した」と。

このように、観音菩薩は原初のチベットに降り立ち、チベット人の発生を祝福し、国を開いた、チベットの守護尊ともいうべき存在であることが説かれ、歴代のダライ・ラマもこの観音菩薩の化身の系譜に連なると考えられているのである。チベットの菩薩信仰は弥勒や文殊もあるが、チベット仏教最大の特色であるダライ・ラマ制により、観音に勝る菩薩はないと矢崎［1988: 307］は指摘する。

三　中国

弥勒信仰

浄土往生の信仰といえば、阿弥陀浄土を想起するが、弥勒浄土の信仰も盛んで、中国の南北朝時代ではむしろ弥勒浄土の信仰が阿弥陀浄土の信仰をしのいでいた。その逆転現象が起こるのは唐代以降であり、それと反比例するように、弥勒浄土の信仰は歴史の表面からは姿を消す。それは必ずしも弥勒信仰の衰退を意味するのではなく、変質・変容を示していると金岡照光［1988: 118］は言う。では金岡に基づき、中国の弥勒信仰の特徴をまとめてみよう。

弥勒教徒はしばしば反乱を繰り返したが、これは弥勒の下生信仰と深く関連している。本来、弥勒仏が出現するのは、仏滅後、五六億七千万年さきの未来だが、それを先取りし、現在ただちにその救いを希求する場合、強烈な世直しの願望と行動が生まれることになる。遠い未来の弥勒仏の下生を現在ただちに行われんことを求めた人々は、現状への不満を爆発させて暴徒化し、支配者より弾圧を受けることになる。唐代歴史の表面から弥勒信仰が激減した背景には、このような支配者の弾圧があった。これが中国における第一の弥勒信仰の特徴だが、これに関連して布袋和尚についても触れておこう。

日本人にも馴染みの深い布袋だが、布袋と呼ばれた僧は一人ではなく複数存在し、その布袋は弥勒の分身と考えられていた。中国・台湾・香港の寺院で、弥勒仏といえば、布袋和尚の像が祀られているのである。実際に弥勒仏が下生するのは遠い未来であり、経典の記述をかってに変更し、その時期を早めることはできない。かといって、現世の苦を甘受し、それほど長い時間、指をくわえて弥勒仏の下生を待つこともできない。そこで便法として考え出されたのが、「分身」である。資料をみても、布袋の出生や系譜は明らかでないが、経歴の明瞭な者は菩薩になりがたいから、その不明瞭さはむしろ分身になりうるための必要な要素であったと金岡は指摘する。

つぎに、弥勒信仰が中国固有の倫理や宗教と結合していった側面に光をあててみたい。敦煌写本（スタイン五四三三号・八〜九世紀の作と推定）には、冒頭に『仏説延寿命経《ぶっせつえんじゅみょうきょう》』が記され、同一筆跡で『父母恩重経《ぶもおんじゅうきょう》』が接写されている。その内容は省略するが、そこからわかることは、つぎの三点である。

①七月一五日の盂蘭盆会《うらぼんえ》の抜苦救済の願いがあり、それがこの写経の基礎となる
②それが父母の恩に報いる最大の道であることを示している
③その救済は弥勒仏にもとめられている

弥勒浄土への希求が『盂蘭盆経』と『父母恩重経』という二つの偽経と密接に結びついてい

るということは、弥勒信仰が深く中国庶民の思想と関わっていたことの証左になると金岡は指摘する。また、弥勒兜率天での長寿が道教の不老不死よりも優位にあることを説く文献もあるので、弥勒信仰は唐代の中国民衆の中で、父母への孝、地獄からの抜苦、現在における不老長生等と結合していた。このように中国における弥勒信仰は、一方で反乱の原動力になり、他方で民衆の信仰・習俗・生活と結合していたのである。

観音信仰

観音信仰も中国では人気を博した。『観世音応験記《かんぜおんおうげんき》』の記述を手がかりに、中国の観音信仰の一端を紹介する。これは六朝時代の江南地方における観音信仰の実態を伝えるもので、現世利益をテーマとした霊験譚だ。これには、南朝時代に作られた傅亮《ふりょう》撰『光世音応験記《こうぜおんおうげんき》』、張演《ちょうえん》撰『続光世音応験記』、そして陸杲《りくごう》撰『繫観世音応験記』の三本があり、唐代以降、本土中国では散逸したが、二〇世紀半ばに京都の青蓮院《しょうれんいん》で、三本を一つにまとめた南北朝時代の古鈔本が発見され、現在ではその全容を知ることができる。近年、佐野［2015; 2017; 2018］が陸杲撰『繫観世音応験記』の訳注を発表したので、それに基づき、その内容を紹介しよう。

ここには全部で六九の話が収められているが、窮地に陥った人々が観音菩薩に救済されるきっかけは、①観音菩薩を念じる、②観音菩薩の名前を称える、③「観（世）音経」（＝『法華経』「観世音菩薩普門品」）を読誦する、の三つに大別される。数的には①が三〇例以上、②が一〇例程度、そして③が二〇例程度あり、話によっては①と②をあわせて説くものもある。では、それぞれ一例ずつ、内容を紹介する（和訳は前述の佐野の研究を参考）。

第一二話（関中道人法禅等五人）：観音菩薩を念じる

関中（陝西省）の道人である法禅らの五人は、ちょうど後秦姚氏の時代、山歩きをしていて盗賊に遭った。もうすでに逃げる場所がなく、ただ心を一つにして皆で観世音菩薩を念じた。盗賊たちは弓を引いて彼らを射ようとしたが、結局、手から弓矢を放つことができなかった。盗賊たちは彼らが神であると思い、恐ろしくなってそれぞれ逃げてしまった。法禅ら五人は無事にその場を立ち去ることができた。

第一一話（北有一道人）：観音菩薩の名前を称える

北方に一人の道人がいた。寿陽（山西省寿陽県）の西方にある山を歩いていたところ、いきなり二人の強盗が現れて、道人を襲った。強盗は道人の腕のつけ根を木に縛りつけて、殺して服を持っていこうとした。道人は誠心誠意、観世音の名を称えた。すると、強盗が道人を切ろうとしても決して刀が入らなかった。そのため強盗は大いに怖くなって、道人を放置して逃げた。

第一九話（蓋護）：「観音経」を読誦する

蓋護は、山陽（江蘇省淮安県）の人である。過去に牢獄に繋がれ、死ぬ運命にあった。真心をこめて「観世音経」を誦し、三日三晩、休むことがなかった。急に夜中に観世音を目撃すると、観世音は光を放って蓋護を照らした。すぐさま鎖と足枷とはひとりでにはずれ、扉も勝手に開き、光はすぐに蓋護を導いて外に出た。光に随って走り、二〇里を行ったところで、光は消えた。蓋護は草むらの中に止まり、翌日はゆっくりと立ち去り、死刑を逃れることができた。

観音菩薩の女性化

ここでは、観音菩薩の女性化の問題をとりあげる。観音の女性化は、広い仏教文化圏の中でも、おもに中国と日本であり、その状況は両国間で差がみられると彌永［2002: 553］は指摘する。では彌永［2002: 554-563］によりながら、この問題を整理しよう。

中国では北周もしくは隋の時代、五八〇年頃の観音菩薩像がすでに中性的（もしくは女性的）な表現で表されているが、これは文献でも確認できる。清代の考証学（実証できる根拠を儒家古典の中に求めて立証しようとする学的態度）の論著に、観音の女性化が詳しく考察され、六世紀半ば以降、観音菩薩が何らかの意味で女性、あるいは、女性と結びつけて表象されていたことが文献的に確認されるが、これは女性的な観音菩薩像の造立と一致する。そして宋代以降には、こうした事例はさらに増えるという。

その最初期の要因についてはまだ不明だが、後代、中国の女身観音信仰の成立に決定的な役割を果たした要因として、彌永［2002: 366-411］は「妙善《みょうぜん》説話」と「馬郎婦《めろうふ》／魚籃《ぎょらん》観音説話」の二つをあげる。妙善説話は本来、汝州香山の白雀寺に祀られた千手千眼観音の縁起として語られたもので、後代、この説話はさまざまなバリエーションで説かれることになるが、その基本的な粗筋は、塚本［1955: 263］によれば、つぎのとおりである。

妙荘王の三女のうち、末女の妙善は父王の命に背いて結婚を拒否し、汝州香山の白雀寺の尼となった。父王は怒って寺を焚き、諸尼を殺し、妙善をも殺してしまった。殺された妙善尼は冥界に入ったが、次生で蘇生して仙人から仙桃をもらい、香山に入って修行した。たまたま父王が悪疾で療法もなく苦しんでいるのを、自らの手と眼（千手千眼観音、すなわち大悲観音の信仰であることがわかる）を与えてその病を治し、成道して観世音菩薩となり、王をはじめ一門や臣民を帰仏せしめた。

この説話の流布により、近代中国民衆の観音信仰は、日本と異なって、若く美しい女の神、慈悲の女神として信仰され、かつ中国で修行し成道し涅槃した王女として親しまれるようになったと塚本は指摘する。

もう一つの要因は「馬郎婦（馬氏の息子の妻）／魚籃観音説話」である。これも同工異曲の物語は種々あるが、その古典的な内容はつぎのとおり（澤田［1975: 144-145］）。

唐の元和一二（八一七）年、陝西省の金沙羅のほとりに籃を手にして魚を売る美女があった。人々は競ってこれを妻にしようとしたが、女は「一夜で普門品を暗誦できる方があれば妻になりましょう」という。翌朝、そのとおりに暗誦できた者が二〇人もあった。そこで今度は金剛経の暗誦を宿題に出すと、翌朝、及第した者は半分に減っていた。つぎに法華経を三日の期限つきで出すと、馬氏の息子だけが合格した。女は約束どおり妻になることを承諾したが、婚礼の日、馬氏の門に入るなり女は急死し、死体は腐乱したので、これを埋葬した。その後、一人の僧が来て、馬氏の息子とともにこれを発掘してみると、ただ黄金の鎖骨だけが遺っていた。僧は「これぞ観音が示現して汝らを教化せられたのじゃ」というなり空中に飛び立ったが、これより陝西省でも経典を読誦する者が多くなっているということである。

この二つの説話が中国や日本における観音の女性化のプロセスを引き起こす「きっかけ」、あるいは一種の「触媒」として機能したのではないかと彌永は推察する。

四　日本

弥勒信仰

では本章の最後に、速水［2019］によりながら日本の菩薩信仰を紹介する。まずは弥勒信仰から。日本人にとって弥勒菩薩といえば、京都・広隆寺《こうりゅうじ》の半跏思惟《はんかしゆい》像を想起するだろう。哲学者ヤスパースの賛辞も手伝い、日本では有名な仏像の一つに数えられるが、中国仏教に弥勒菩薩を半跏思惟像で表現する例はなく、朝鮮半島の影響だと考えられている。よって中国との直接的な文化交流が深まる八世紀以降、弥勒菩薩の半跏思惟像は姿を消すので、これは七世紀という仏教伝来期だけの特殊なスタイルといえよう。

死後往生の信仰で人気を博したのは弥勒浄土と阿弥陀浄土だが、奈良時代の中頃までは兜卒上生信仰が極楽浄土の信仰を上回っていた。一〇世紀を境に古代国家没落にともなう社会不安を背景に浄土教が盛んになったが、それでも弥勒信仰は阿弥陀信仰と並んで信奉されていた。源信でさえ弥勒浄土を無視できず、二つの浄土の併存を認める立場をとっているが、これは当時の弥勒信仰がいかに強固であったかを物語っている。

平安時代末期の一一世紀には、末法思想の影響で来世の浄土を欣求する阿弥陀信仰が盛んになったが、それと平行して末法の世を救う当来仏弥勒の下生を待ち望む信仰も盛んであった。

こうして阿弥陀信仰が支配的な平安末期でも、貴族社会では伝統的な兜卒上生と極楽往生の並存が依然として続いていた。では法然などが仏教界に大きなインパクトを与えた鎌倉時代、弥勒信仰はどうなったのか。

鎌倉仏教の新たな担い手とは別に、旧仏教側でも教団の腐敗を正し、かつ新仏教を批判して、旧仏教の復興に努めたのが貞慶《じょうけい》や高弁《こうべん》である。末法の世で本当の師はブッダであり、末法の世であるからこそ、戒律を厳守し、修行を重ね、仏教徒の初心であるブッダの時代に立ち返るべきだと考えた。しかし、ブッダはすでに入滅しているので、ブッダ追慕の情は一転して当来仏である弥勒に向かうことになる。貞慶は「弥勒はブッダから末法の世の人々の救済を委ねられている」と説き、阿弥陀仏信仰とは違う弥勒信仰の意義を強調した。こうして「釈迦弥勒一体」という考え方が誕生する。だが、自力的な弥勒信仰では、貴族社会や旧仏教界の支持は得られても、法然等の新仏教に対抗する上でもっとも必要な民間での展開を充分には果たしえなかった。

弥勒信仰で興味深いのは、中国と同様に、それが社会変革と結びつき、「世直し」的な行動を誘発したことだ。とくに下生信仰は遠い未来の救済を説いてはいるが、強い現世信仰への転換の可能性を秘めている。弥勒が下生してこの世で仏となれば、この娑婆世界がそのまま浄土になるので、未来信仰としての下生信仰は一転して「現世の浄土」を実現する、もっとも現世的な信仰となる。こうして弥勒下生信仰は、未来の救済から現世の救済へと次第に変容していった。

事実、幕末には弥勒下生の期待が社会変革を求める意識と結びつき、世直し一揆となって爆発した。慶応二（一八六六）年、福島県信夫郡と伊達郡でおこった信達一揆《しんだついっき》では、世直しで実現する社会をただ飲みただ食いの「ミロクの世」という幻想で理解した。このような「ミロクの世」の幻想は明治維新後、大本教・霊友会・ミロク教をはじめ、さまざまな新興宗教で説かれている（速水［2019: 112-131］）。

古来より弥勒信仰が途絶えることなく継続されてきた理由を、立川［2015: 202-203］はこう説明する。「結局、死後にしか救われないという阿弥陀信仰に対して、弥勒信仰がまったく消え去るということがなかったのは、弥勒には現世を救ってくれるほとけ、という期待が寄せられていたからである。思えば、弥勒があらゆる時代を生き抜いてきたのは、死後ではなく、今の世のなかをどうにかしてほしいという、人間の偽らざる願望に対応していたからではないか」と。弥勒信仰（現世）と阿弥陀信仰（来世）とは背中合わせで仏教シーンの中に生き続けてきたのである（立川［2015: 198］）。

観音信仰の変遷

観音像自体は、大化以前に日本に伝来したとされるが、それは「蕃神《ばんしん》（異国の神）」と一括して考えられ、その個性や特性を意識して観音が信仰されていたわけではなかった。しかし奈良時代になると観音信仰がようやく芽生え、観音は国家の内外を敵から護る、いわゆる鎮護国家の利益が絶大な菩薩として信仰された。一方、観音は民衆レベルでも現世利益をもたらす菩薩として親しまれ、幅広い支持を集めた。

しかし一〇世紀頃を境に、観音信仰は来世信仰の色彩を強めていく。摂関体制に疎外された没落貴族たちの間から来世的な観音信仰が芽生え、やがてそれは社会各層に広まった。この来世的観音信仰の発達を如実に示すのが、六観音信仰だ。これは、六体の観音によって六道に迷う人々の極楽往生を願う信仰を指す。その起源は智顗の『摩訶止観《まかしかん》』に求められ、大悲・大慈・師子無畏《ししむい》・大光普照《だいこうふしょう》・天人丈夫《てんにんじょうぶ》・大梵深遠《だいぼんしんえん》という六人の菩薩が、六道の地獄・餓鬼・畜生・阿修羅・人・天の煩悩を破砕すると説かれる。

これを日本の密教が取り込み、実はこれは密教の六人の観音が姿を変えたものだとして、智顗の六観音を換骨奪胎し、その内容を聖観音・千手観音・馬頭観音・十一面観音・准胝観音・如意輪観音に代えてしまった。一二世紀以降、六観音といえばこの密教の六観音を意味するが、この六観音信仰の発達により、現世利益中心だった密教の観音信仰も、六道の苦を救い、衆生を浄土に導く来世的信仰の性格も帯びるようになり、観音は現当二世の利益を兼ねる菩薩として人々の尊崇の的となったのである。

九世紀中頃以降、日本には寺の格式にとらわれず、「霊験寺院」と呼ばれる寺が進出し、ここに観音の霊験を求めて貴族の参詣があいつぐようになる。また平安の末期には世俗化した大寺院を去って草庵にこもり、厳しい修行や布教活動にはげむ僧侶が出現した。彼らは「聖《ひじり》」、彼らの集う草庵は「別所《べっしょ》」と呼ばれた。こうして、本尊観音の利益にあずかるとともに、念仏聖の講会説法を聴聞し結縁することで、浄土往生や現世安穏の願いを遂げようとする人々が各地の観音霊場に参詣した。

一方、民衆の仏道結縁の媒介となる聖たちは、諸国の名山霊窟をめぐって験力を高めたが、そうした諸国霊場（聖の住所）をめぐり修行することを「巡礼」という。これがいわゆる西国三十三ヵ所の観音霊場巡礼のもとになった。その起源には諸説あるが、速水は三井寺（園城寺）の僧であった覚忠《かくちゅう》（九条兼実《くじょうかねざね》と慈円《じえん》の異母兄弟）が応保元（一一六一）年にはじめたと推定する。当代随一の修験者でもあった覚忠は、当時の多くの聖・修験者の巡礼の風潮にならって、観音が衆生救済のために変化する三十三身にちなみ、三十三ヵ所の観音霊場を選んで巡礼したと考えられ、これは今日でも変化することなく続いている。

そして一五世紀中頃を境に、修験山伏中心の三十三所巡礼は変化し、巡礼の大衆化（巡礼参加者の急増）がおこったが、その要因の一つは、郷村制という新たな自治的村落形成を背景とする民衆の経済的向上、もう一つは、戦国移行期の社会不安のもとで一時的な社会離脱行為が流行したことを速水は指摘している。ともかく、こうした巡礼の大衆化は従来の巡礼の仕方をいろいろと変化させたようで、当初、那智にはじまり三室戸でおわる順序は、東国の人に便利な順序に変更されており、現在の順序が固定したのは一五世紀後半と考えられている（速水

[2019: 40–59]）。

変化観音の信仰

ここでは、主要な変化観音の信仰を概観する。まずは、日本で一番古い歴史を持つ十一面観音から。最古の像は白鳳期作と推定され、ついで法隆寺の金堂に壁画が描かれるなど、歴史の古さに加え、数ある変化観音の中でも十一面観音の信仰は盛んであった。奈良時代から平安時代にかけて、十一面観音を本尊とする悔過法《けかほう》は天皇から庶民に至るまで、幅広い人々によって各地で盛んに実施され、毎年二月に行われる東大寺二月堂の十一面悔過の伝統は今でも続いている。また佐久間［2015: 67］は、十一面観音が出家や在家を問わず、女性たちの信仰と深く結びついていたと指摘する。

千手観音信仰は、遣唐使の入唐僧が日本に伝えた。とくに玄昉《げんぼう》は仏法の興隆と擁護を願って『千手千眼経《せんじゅせんげんきょう》』一千巻の書写を行った。玄昉以降、千手観音の造像は盛んになり、千手観音を本尊とする千手堂や千手千眼堂などの名が記録に表れるようになる。こうして奈良時代末には東大寺で十一面悔過とならんで千手千眼悔過が行なわれ、千手信仰は貴族から民衆まで浸透した。西国三十三所巡礼でも、千手観音を本尊とする霊場は半数近い一五もあり、日本の観音信仰の中で千手観音がいかに大きな比重を占めているかがわかる。また後白河法皇の命により、平清盛が一〇〇一体の千手千眼菩薩像を京都の三十三間堂に安置したことも、当時の千手信仰の盛大さを物語っている。

不空羂索《ふくうけんじゃく》観音の信仰が日本にいつ伝わったかは不明だが、天平年間（七三〇年代）には不空羂索関係の経典が盛んに書写されている。また、奈良時代を通じて十一面観音や千手観音とならび、もっとも盛んに造像された。不空羂索観音は国家的な信仰として出発したためか、平安末期以降は一般の人々の信仰としてはそれほど広がりを見せず、像の遺例も十一面観音や千手観音と比べれば、かなり少なくなっている。

如意輪観音の信仰は、奈良時代末にようやく盛んになった。平安時代には、天台宗でも真言宗でも如意輪法は災害や病気を除く息災法として盛んに修されたので、如意輪観音は一般庶民の信仰の対象というよりは、密教の秘法の本尊として重視された。密教に関連して、如意輪観音にはほかの変化観音にはみられない特色ある信仰があるという。それは如意輪観音と星辰（北斗七星）信仰とが結びついていることで、密教占星術の修法において如意輪観音が本尊として信仰されていた（佐久間［2015: 149-150］）。

馬頭観音の信仰は、馬頭を戴くという異様な忿怒相のせいか、日本では馴染みが薄く、あまり発達しなかった。近世以降は民間信仰化し、馬など家畜の守護神という特殊な性格において、親しまれ信仰されるのが普通になったようだ（速水［2019: 62-86］）。

地蔵信仰

菩薩像の作例からすれば、奈良時代から九世紀後半にかけて地蔵信仰は不振だったが、一〇世紀に入ると、天台宗の僧侶や貴族社会の人々を中心に、菩薩信仰がようやく発生してくる。源信は『往生要集《おうじょうようしゅう》』で地獄の衆生を救う地蔵の悲願を讃えているが、平安時代の浄土教発達の背景となった六道や地獄思想の深まりに刺激され、地蔵菩薩の利益は貴族たちの関心を引くようになった。だが、独立した地蔵信仰は充分には発達しなかったようで、当時の地蔵の造像形式をみても、地蔵は単独で本尊として造られる例は少なく、多くの場合は阿弥陀三尊等の脇侍として造顕された。つまり、地蔵は阿弥陀を取り巻く聖衆の一員として拝まれたのである。

一一世紀に入ると、貴族社会のみならず、民衆の間にも地蔵信仰が発達してきた。『今昔物語集』をみると、地蔵信仰は阿弥陀信仰や法華経信仰と結びつけて信仰されたが、その背景には横川を中心とする天台浄土教の影響が考えられる。源信を中心とする天台浄土教の念仏結社(二十五三昧会)の運動によって形成された貴族社会の地蔵信仰は、さまざまな講会を通して結縁する民衆にも伝えられた。聖による講会が、横川浄土教家の地蔵信仰を民間に下降させたのである。

民間に下降した地蔵信仰には、貴族社会の地蔵信仰にはなかった「専修《せんじゅ》」という特徴が確認できるが、その理由は、民衆の地蔵信仰が貴族社会にみられない深刻な地獄の恐怖の上に成立していたからではないかと速水は推察する。人々は現世の善悪よりも前世の業縁により、あらかじめ定められた運命として地獄に召されるのであり、ここには「地獄は必定」というべき意識があるという。業縁にしたがって地獄に堕ちても、生前に地蔵を信じ供養していれば、地蔵は自分たちに代わって地獄の苦を受け、救ってくれるという「代受苦」の思想が当時の民衆を引きつけた。

功徳の集積が容易な貴族とは違い、前世の悪しき業縁で卑しい身分に生まれ、功徳も積めず、浄土往生もかなわず、地獄は必定であると考えた民衆にとって、地獄の恐怖は切実であったからこそ、「ただ地蔵の名号を念じて、さらに他の所作なし」という地蔵専修が成立したのも肯けよう。

鎌倉時代以降、日本の民衆の間で盛んになる地蔵の現世利益信仰の特徴は「身代り地蔵」という信仰だ。これは、地蔵が信者の願いに応じて、信者の欲する力を持った人間となって現れたり、危難を蒙りそうになった信者の身代わりになってくれるというもので、これは「代受苦」の信仰の発展形として理解できる。

日本の地蔵信仰で言及すべきは、十王信仰（人は死後、順次十人の冥界の王の審判を受け、生前の罪が罰せられるという信仰）との結びつきだ。一四世紀頃から、仏教各派が民衆の中に浸透しようとする過程で、死者の葬式追善の儀礼を十王信仰と結びつけて強調するようになると、地蔵は冥府の支配者（閻魔《えんま》）として、民衆の信頼と畏怖の対象となった。つまり地蔵は冥界の主で、畏怖すべき閻魔の本身であり、地獄の鬼から亡者を護る慈悲の面を代表する菩薩として人気を得ていった。
江戸時代には、延命地蔵や子育地蔵など、ほとんど無際限な身代り地蔵が民衆の間で生み出されたが、こうした現世利益的信仰の一方で、地蔵は冥界とその特殊な関係により、来世信仰としての一面も色濃く保ちつつ、民衆にとっても親しみ深い菩薩として今日に至っている（速水［2019: 169–189］）。

神仏習合と仏・菩薩

インドに起源を持つ仏教は土着の宗教と混淆しながらアジアの各地に教線を拡げたが、日本では神道と結びついて受容され、徐々にその根を下ろしていく。ただし、神道を「日本古来より伝えられてきた民族宗教」の意味で用いるようになったのは近世以降であり、中世でも「神道」は独自の宗教体系ではなかった。その時代、神道は「仏法」のカウンターとして、「垂迹《すいじゃく》の世界」すなわち「仏の化儀《けぎ》（仏が衆生を導く方法）の次元・境地」という領域的意味を帯びるようになる。

　こうして、日本における仏教と神道との関係を考える上で重要な概念となったのが「神仏習合」と「本地《ほんじ》垂迹《すいじゃく》説」だ。ここでは神仏習合を「日本固有の神の信仰と外来の仏教信仰とを融合・調和するために唱えられた教説」、本地垂迹説を「日本固有の神を、仏教の仏や菩薩が衆生を救済するために姿を変えて現れたもの（化身）と見なす考え方」と定義しておく。本地垂迹説の「化身」という考え方は、インドのみならず、汎アジア的な現象である。ヒンドゥ教ではブッダがヴィシュヌの化身と考えられ、このためか、結局インドで仏教はヒンドゥ教の中に埋没することになった。化身は、ある宗教が別の宗教を取り込む際、きわめて便利な思想だったが、インドで消滅した仏教が、日本では日本固有の神祇信仰を呑み込んでいく。

神仏習合現象の最も早い例は「神宮寺（神社に付属する寺院）の創建」であり、国家は外来の宗教（仏教）を日本に根づかせるため、神社の中に寺院を作ることを企てた。神宮寺創建を語る縁起譚は、神が「宿業により神となった／重い罪業のせいで神道の報いを受けた」と説き、神の存在を「宿業の報い」ととらえることで、「神の身を離れて仏法に帰依したいと望んでいる」という説話（神身離脱説話）を創出した。つまり仏教は最初、神を救済の対象として位置づけ、取り込もうとしたのである。

これについで古い神仏習合現象が、寺院の守護神の勧請（神を請い迎えて祀ること）だ。こうして仏法の守護神となった神を「護法善神」と呼ぶ。神宮寺や護法善神につづき、神仏習合現象の中核となる本地垂迹説が形成される。「本地」とは本来の実在（仏・菩薩）を指し、「垂迹（迹〔跡〕を垂れる）」とは、地面に足跡を残すように、本地が姿を現すことを意味する。これは抽象と具体、理念と実体の二元論的発想だ。

神と仏の関係を本地垂迹理論で説明するようになったのは院政期の頃で、仏の側ではなく神の側からスタートした。仏教が日本に招来されたことで、「神とは何か／神をどうとらえるか」

が問題となった。よって、まず「迹」である神を起点とし、そこから「本」である仏へとベクトルを伸ばしていく。重要なのは神が「垂迹」であることであり、「本地」が何という仏かは二次的な問題であった（門屋［2010: 278-282］）。

彼岸の仏は容易にその存在を見ることもその声を聞くこともできないもの（本地）だが、その仏が我々の眼前に姿を現したもの（垂迹）が神々であり、具体的な存在（垂迹）の背後には抽象的な高度の存在（本地）があるというのが中世の人々の共通した感覚だった。直に触れられない本地と関わるには、垂迹を手がかりとするしかなかったのである（平岡［2019b: 145］）。こうして、仏はもちろん、さまざまな菩薩も日本の具体的な神と関連づけて説明されるようになった。ここに日本独自の菩薩理解が存在する。

八幡大菩薩

では日本の菩薩思想をしめくくるにあたり、八幡大菩薩をとりあげる。八幡大菩薩が日本の神仏習合や本地垂迹説を牽引したと考えられるからだ。逵［2007］に基づき、説明しよう。八幡神は豊前国宇佐（大分県宇佐市）に成立したが、この地は朝鮮半島と大和の中間点として中央から重視された。当時この地の豪族だったのが宇佐氏であり、ほかの日本の各地と同様に神体山信仰（神が宿るとされる山岳信仰）を持っていたが、四世紀半ばには大和政権に編入されていた。

この九州北部には多くの渡来人がやってきて、進んだ文化や技術のほかに朝鮮半島の神や信仰ももたらした。とくに香春（福岡県田川郡香春町）に住み着いた新羅系渡来集団は秦氏および秦系諸族であり、新羅国神（香春神）を祭祀したが、この神は朝鮮半島では道教と仏教とを融合した神だったと推定される。そのような信仰を持つ彼らは香春から東進し、その中でも秦系の辛嶋氏が各地に「辛国」を形成しながら五世紀末には宇佐郡にまで進出すると、宇佐氏の神体山信仰を吸収し、独特な宗教的風土を形成した。これが八幡神の原型だ。『八幡宇佐宮御託宣集』の「辛国（韓国）の城に、はじめて八流の幡と天降って、吾は日本の神と成れり」という一文から、八幡神の源が外来神であることがわかる。

宇佐氏が去った後の六世紀後半、宇佐の平野は駅館川を境として、東に大神氏（大和の宗族）、西に辛嶋氏が居することになったが、大神氏が辛嶋氏を服属させたことで、八幡神には大神氏の奉ずる応神天皇の御霊という価値が付与されることになり、以降、八世紀半ば過ぎまで、八幡宮祭祀の実権は大神氏が掌握することになる。このような経緯を経て、新羅国神は日本の神である八幡神へと変貌していった。

さて、勢力を失っていた宇佐氏は再興を果たし、大神氏も無視できない存在になりつつあったため、大神氏は宇佐氏と提携するようになった。その再興の立役者が、古代豊前でも有名であった法蓮《ほうれん》という僧侶である。彼は弥勒信仰・薬師信仰・虚空蔵《こくうぞう》信仰を持っていたとされるが、その中でも中核は弥勒信仰であり、徹底した修行で強い呪力を持った典型的な修験者的修行者であった。この法蓮との提携により、八幡神の仏教色はさらに豊かなものになっていく。こうして、八幡神はほかの神々に先んじて神仏習合を牽引し、神仏習合を常に先導する神となった。

また七一九年、大隅・日向の両国の隼人が反乱を起こした際、八幡神は「我れ行きて降伏すべし」と託宣を発し、それが奏功してか、この乱を平定したことが評価され、官幣（中央政府の神祀官より幣帛（神に奉納するものの総称）を賜ること）に預かることになる。これは伊勢神宮と同等の扱いを受けることを意味し、八幡宮にとって名誉なことであった。これを受け、八幡神宮弥勒寺が成立するが、これは朝廷がこの寺を国分寺に準じた鎮護国家の官寺とみなしたことを意味する。

中央政権での地位を高めつつあった八幡神は、東大寺の大仏建立にも力を発揮する。大仏建立は順調に進まなかったので朝廷は宇佐に使者を遣わし、八幡神に大仏建立成就を祈願させると、八幡神は全面的な協力を宣言した。こうして八幡神は奈良に招かれることになる。八幡神の大仏建立援助と上京・礼拝という一連の動向は、決して神仏習合を進めるために企てられたものではないが、結果として地方で起こった神仏習合現象を中央に持ち込み、中央において護法善神思想により説明づけられ、定着するに至った。

ところが七五二年、薬師寺の僧・行信《ぎょうしん》が八幡神宮の神主・大神田麻呂《おおがのたまろ》らと共謀して厭魅《えんみ》（呪詛）をおこなったとして捕らえられたが、これは八幡神宮にとって思わぬ不祥事であり、以降、宇佐の八幡神宮は大神不在という異常な事態となった。このほかにも不祥事が続いた八幡宮寺では、汚名挽回のため、より強力で具体的な仏神を顕現させることで、中央における鎮護国家の方針に答える必要があった。この要請に応えて誕生したのが八幡大菩薩なのである。

すでに説明した護法善神思想は徐々に発展したが、その第一歩が神に菩薩号を奉献するという考え方だ。つまり、神は迷える衆生の一人として仏法の供養を受け、その功徳により進んで菩薩となり、覚りを開いて仏になるが、その第一歩にあたる菩薩号を神に与えようというものである。その最初が八幡大神であると考えられている。文献では八幡大神は正式に「護国霊験威力神通大菩薩／護国霊験威力神通大自在王菩薩」と称されるが、これは八幡大神が神でありながら、衆生を救済する功徳と護国の威力を持ち、それはあたかも菩薩の自在力を持っていることを意味する。

これまで神祀は姿を見せないと信じられていたが、仏教的な人格が付与されることにより、造形表現が可能となり、仏・菩薩像に対して神影像が出現することになるが、八幡大菩薩は地蔵菩薩と同様に僧形で表現されるようになる。

では本地垂迹の観点から、八幡神の本地はどう考えられたのか。ある文献によると、一〇世紀半ば頃までに宇佐を中心とした地域で八幡神の本地仏を釈迦三尊とする考えが成立していた。しかし、別の文献は八幡神の本地仏を阿弥陀仏とし、ある時期を境に八幡神の本地仏は変化したが、その背景にはその頃に発展・普及した天台浄土教の影響が考えられる。末法思想の広がりとともに人気を博していく阿弥陀仏を無視しえなかったのであろう。

終章　現代社会と菩薩

日本の宗派仏教とエンゲイジド・ブディズム

日本仏教は今、存続の岐路に立たされている。仏教衰退の原因は仏教の担い手である僧侶にのみ帰せられるという単純な話ではない。鵜飼［2015］を参考に、問題点を整理してみよう。

仏教伝来以来、日本の仏教は国家の統制管理の影響を受けてきたが、近世以降では江戸時代の檀家（寺請）制度により、衰退に向けて大きく踏み出すことになる。ついで明治期になると、廃仏毀釈で仏教は大打撃を受け、また太政官布告「自今僧侶肉食妻帯蓄髪等可為勝手事」により、僧侶の肉食・妻帯・蓄髪などを国が正式に認めることになった。これにより、僧侶の世襲化が始まる。

この政治的要因に加え、社会的要因、すなわち、日本の社会構造の変化も追い打ちをかける。昭和期以降、少子高齢化や核家族化が急速に進み、また地方と都市の格差は広がり、地域共同体（地縁）は解体しつつある。さらに科学の発達で宗教的価値は低下したことも原因し、葬式の様態も大いに変容する。葬儀はビジネスの中に取り込まれ、死を悼む間もなく効率的に進められ、また葬式自体も簡素化の動きは止まりそうにないのが現状だ。

この中でも、檀家制度と僧侶の世襲化の影響は、仏教衰退の二大要因ではないかと私は考える。この二つは仏教（あるいは、仏教寺院）を経済的に安定させ、人材（僧侶）を継続的に輩出するという点で利点はあるが、同時にそれは仏教を堕落させ、〝志〟のない僧侶を産出し続ける装置ともなる。人は必ず死ぬので葬式は行われ、それに年忌法要が付随するので、檀家制度により自ずと一定の収入が入る仕組みになっている。布教の有無や説法の上手下手は寺院の収入に直接関与しないので、僧侶は修行や学問の努力をする必要はない。こうして〝志〟のない僧侶が誕生する。鵜飼［2015: 139］は「『仏教崩壊』は、結局は僧侶が寺という「安全地帯」にとどまりながら、自分磨きを怠っていることに起因するのではないか」と指摘する。

また日本は宗派仏教の色彩が濃いため、他宗を批判して自宗の優位を説いたり、また自宗のことしか知らず、仏教一般の知識に乏しい僧侶も散見するが、このような状況も一般人の仏教離れを促進し、仏教衰退を招く要因となる。日本の仏教は「葬式仏教」と揶揄されるが、私は葬式仏教にさえ徹していないと思う。葬式は簡素化されるばかりであり、そこで他者の死を鏡に自己の死を見つめたり、自分の人生を再考する機会は失われつつある。身近な人が亡くなったときほど、自分の死や人生を考えなおす絶好の機会のはずなのに、それが上手く活用できていない。簡略化や効率化を優先する檀家と、自助努力を怠る僧侶の利害が奇妙な点で一致し、今日の仏教衰退に拍車をかけている。

一方、自分の大切な人はいつか必ず死に、また自分もいつかは必ず死を迎える。昏迷の時代、予測困難な時代であるからこそ、人は精神的飢餓状態に陥り、しっかりとした拠り所となる教えや思想は今まで以上に必要とされている。アンケート調査では、僧侶に対する批判のパーセンテージは高いが、その一方で仏教（あるいは宗教）に対する期待も高いと言われている。これはひとえに僧侶の怠慢を如実に物語っており、僧侶はこの事実から目をそらしてはならないだろう。

前置きが長くなったが、ここでエンゲイジド・ブディズム（Engaged Buddhism）について触れておきたい（正式には Socially Engaged Buddhism）。ベトナムの禅僧ティク・ナット・ハン（一九二六〜）は、被災者や難民の救済をはじめ、社会福祉活動を含む数々の利他行を行い、エンゲイジド・ブディズムを提唱した。これは「行動する仏教／社会参画型の仏教」とも和訳される。

日本の宗派仏教が檀家制度と僧侶の世襲化にあぐらをかき、本来の利他行を忘れたかに見える現状に、世間から厳しい批判が浴びせられる昨今、現代の日本仏教はティク・ナット・ハンの提唱したエンゲイジド・ブディズムを無視しては前に進むことができない。では、エンゲイジド・ブディズムという視点から日本の宗派仏教をみてみよう。

日本の宗派仏教と菩薩思想

平安期以降に成立した日本の宗派仏教の淵源はすべてインドの大乗仏教に端を発するので、濃淡はあるが、各宗派はいずれも菩薩思想の流れを汲むことになる。菩薩思想に基づき、利他行の実践が重視されるのは当然であり、各宗派には独自の菩薩思想があるはずである。各宗のうち、真言宗と天台宗、禅系の臨済宗と曹洞宗、そして日蓮宗は、現世での菩薩思想と直結するので問題ないが、現世での菩薩道の実践が教義的に難しい宗派がある。来世での極楽往生を願う浄土系の浄土宗や真宗などだ。

法然浄土教では「念仏往生」が中心であり、重点は現世よりも来世に置かれる。念仏して来世に極楽往生を果たし、そこで修行して仏になることを説くので当然だ。『往生要集』の「穢土を厭離し、浄土を欣求する（厭離穢土　欣求浄土）」が端的に示すごとく、穢土である現世は厭うべき世であり、その現世で重要なのは「念仏すること」であるから、貧者に施食を与えたり、壊れた橋を修繕したり、ハンセン病患者を救済するような、いわゆる菩薩行としての利他的視点はない。

とくに法然は徹底した彼岸主義に立って専修念仏を勧めるが、念仏しても我々は直ちに浄土に往生するわけではない。死ぬまでは依然としてこの世で生きていかなくてはならない。では残された人生を、死ぬまでどう生きればよいのか。これについて、法然は具体的なことは何も言わない。あるとすれば、「現世をすぐべきやうは、念仏の申されんやうにすぐべし」であろう。法然にとっては「念仏申すか申さぬか」がすべての価値基準となるので、「念仏が申せるように、この世を生きよ」が法然の答えだ。しかしこの表現は非常に抽象的であり、具体的にどう生きるかは個人の意思に任される。「菩薩行を行ってもよいし、行わなくてもよい」とも理解できるからだ。

現世での利他行という点では、真宗も同じ問題を抱えている。いや、浄土宗以上に深刻かもしれない。真宗では「還相廻向《げんそうえこう》（極楽往生を果たした後に、再び穢土に還って衆生を救済すること）」を重視する。これを使えば、利他行はたやすく導けるが、還相廻向は死後、極楽に往生してからのことだから、この世で暮らす我々の沙汰するところではない。竹村［2015: 241］はこの点をつぎのように指摘する。

元来、還相は浄土に往生してから以降に初めて使える言葉だから、親鸞の立場の場合、往生即成仏以降に実現することである。ではこの世において、信心が定まった者には、どのような利他行が発揮されてくるのか。しかし真宗ではこの世での利他行は言わないようであり、これが真宗の大きな課題だ（取意）。

では両宗は、どのようにこの問題を克服すべきか。まずは浄土宗から考えてみよう。現世における菩薩行としての利他行を法然浄土教の教義から直に導き出すことは困難だが、浄土宗の行動原理は円頓戒（三聚浄戒）にある。法然自身、戒師となってさまざまな人に戒を授けたことは有名だが、この受戒が真宗から「浄土宗は不徹底」と批判される点である。念仏往生や専修念仏を説きながら、受戒をしているからだ。

それはともかく、浄土宗で僧侶の資格を得るためには「加行《けぎょう》」という行を成満しなければならないが、その最後で宗脈と戒脈が受者に伝えられる。伝宗とは一宗の根本義を伝えること、伝戒とは浄土宗に伝承されている戒、すなわち円頓戒（三聚浄戒）を伝えることをいう。よって、浄土宗の在家信者はともかく、少なくとも出家者は菩薩として積極的に利他行を行わなければならない。そうすることを仏前で誓っているからだ。ただし、この受戒（利他行の誓いと実践）は決して〝往生〟のためではなく、出家者の〝資質（志）〟に関与するものであることを断っておく。

一方、真宗は浄土宗以上に、この世における利他行（菩薩行）の根拠を親鸞浄土教の教義に求めるのはむずかしい。真宗は絶対他力の立場に立ち、自力を徹底的に否定するから、ボランティア活動なども含めた利他行は「自力の慈悲」として否定される。では、真宗はこの問題にどう対応するのか。木越［2016］を参考に紹介しよう（平岡［2019b: 186–189］）。

そのポイントは「宿業《しゅくごう》」にある。『歎異抄《たんにしょう》』にもあるように、しかるべき業縁が催せば、人間は頭の理解とは別に体が反応し、思いがけない行動をとる。いかなる人間もすべて過去の業（宿業）に支配されているからだ。よって、理性ではわかっていても悪を犯してしまうし、逆に困っている人を見れば、頭の判断とは別に体がさきに動き、結果としてボランティア活動等の利他行に身を投じる者もいる。

これを木越は「情動」と呼び、このような情動はまさに宿業のなせる業であるから、浄土教的（あるいは親鸞的）人間観に立てば、その活動を「自力の慈悲だ」と指弾することは、親鸞の教えに反することになる。ただし木越は「だから積極的にボランティア活動を推進すべきだ」とも言わない。弥陀の本願に帰依するのがすべてであり、あとはみな「業報」に委ねるというのが木越の立場であるから、ボランティアなどの利他行を「する／しない」は本人の宿業に任されることになる（阿満［2003］はエンゲイジド・ブッディズムという観点から、真宗の社会倫理を考察している）。

しかし利他行の実践に、必ずしもその宗の教義的な後ろ盾を求める必要はないという考え方もある。「やるべきことはやる」というのも潔い態度であろう。ともかく、日本の各宗は大乗仏教を濫觴とするかぎり、菩薩行は避けて通ることはできないし、また日本仏教が生き残りを考えるならば、エンゲイジド・ブディズムとして社会と切り結ぶ菩薩思想を現代的な文脈で再解釈し、新たに脱皮させることが必要不可欠となる。

物語の重要性と菩薩思想

本書では、自らの生き方として「向上の菩薩」を、また信仰の対象として「向下の菩薩」を解説してきたが、ここでは〝苦の受容〟という観点から二つの菩薩思想を関連づけてみたい。

仏教では業報思想に基づき「善因楽果／悪因苦果」を説くが、これは「善い行為を原因として楽なる果報があり、悪い行為を原因として苦なる果報がある」ことを意味する。しかし現実の世の中では、悪人が必ずしも罰せられるわけではないし、善人が必ずしも幸せな生活を送るわけでもない。むしろ逆の例の方が目立つだろう。よって、ここだけみると、仏教の業報思想は機能していないかに見える。

人生を「生まれてから死ぬまで」に限定すれば、この法則は破綻するが、輪廻思想に基づき、「生まれる前の世（前世）」と、「死んだ後の世（来世）」をも想定すれば、現世での不条理は見事に解消される。悪人がこの世で罰せられなかったとしても、来世では地獄に堕ちて罪を償わなければならないと考えれば溜飲は下がるし、善人がこの世で幸せを享受できなくても、死後は極楽で至福のときを味わえると思えば、納得力が働く。こう考えると、仏教の業報思想は有効であると判断できよう。

このように、業報思想は現世での不条理を合理的に納得する上で効力を発揮するが、一方で差別を助長する思想としても機能しうる。さきほどの例でいえば、「善人がこの世で楽を享受できず、苦しまなければならないのは、前世で悪業を犯したからであり、その報いを現世で受けているのだ」という説明も成り立つからだ。

人間は意味を求める動物であり、不条理を不条理のままにしておけず、何とかそれを合理的に説明しようとする。その意味で、輪廻に基づく業報思想はこの世の不条理をうまく説明する法則（原理）となるが、それは科学的で客観的な法則ではなく、人間が苦を腹に収めるための主観的な法則にすぎない。この主観的な法則は「物語」と言い換えてもよい。我々はさまざまな物語を創造することにより、不条理な現実を主観的にではあるが、合理的に説明したり納得したりし、苦を何とか受容してきた。

生きることにアプリオリな意味はないと私は考えている。あらかじめ生きる意味や目的を設定して、この世に生まれてきたわけではない。気がつけば、この時代、この地域に生まれて人生をはじめている。しかし一方で、人間は意味を求める動物ゆえに、納得して生きるためには、人生に何らかの「意味づけ（物語化）」が必要になる。ここにこそ、物語ることの重要性があると言えよう。物語の創造により、自分の人生に意味を持たせるのだ。ともかく、人間にとって物語ること、あるいは物語は重要なのである。

ではこれを前提に、東日本大震災の被災者および被災者の遺族のことを考えてみよう。なぜ、あの震災で二万人近い人々が命を落とすことになったのか。意味を求める被災者の遺族は身内の死を合理的に説明できなければ、その苦をうまく腹に収めることはできないが、そのために輪廻に基づく業報思想は機能するであろうか。「あなたの身内は過去世で悪業を犯したせいで、このような震災の被害者になったのだ」という物語では、まったく納得できないであろう。納得できるのなら、それはそれでよいが、これによって遺族が前向きに生きていけるとは思えない。

したがって、このような不条理な苦を受容するには、業報思想とはまったく違ったロジックが必要になる。たとえば、菩薩思想を応用すると、つぎのような物語が可能になろう。本書では菩薩思想の「代受苦」をとりあげたが、震災の被害者を〝向下の菩薩〟とみなし、「本来なら我々が受けるべき苦を、震災の被害者（＝向下の菩薩）は我々に代わって受けてくれた」と考えるのである。そう考えれば、残された遺族は前を向いて生きていく道が開けてくるのではないだろうか。

我々の身代わりになって苦を受けてくれたのなら、それに報いるために我々がすべきことは無限にある。たとえば、原発に頼らないエネルギー政策をどう考えるか、防災・減災のあるべき姿は何か、未来に向けて本当に皆が幸せを実感できるコミュニティづくりはどうあるべきか、そして持続可能な社会の創造に向けて一人一人の人間にできることは何か、などなど。そのような課題解決に向けて努力する遺族の姿はそのまま「向上の菩薩」の姿と化すし、その姿は見る人によっては「向下の菩薩」と映るに違いない。

物語ることで苦を受容し、また苦の経験を生かして充実した人生を送ったり、皆が幸せを感じる社会を実現するために、社会性を強く意識した菩薩思想は有効に機能すると私は確信している。この菩薩思想、あるいは菩薩思想に基づく物語の創造も、不条理なこの娑婆世界を生きぬく上で大きな力になるだろう。

エンゲイジド・ブディズムとしての菩薩思想

本書をしめくくるにあたり、「日本版エンゲイジド・ブディズム」の可能性について私見を述べる。観音菩薩などの向下の菩薩は架空の存在であるから、観音菩薩自身がこの世に実在するわけではないが、それでも「観音菩薩に匹敵するような人」はたしかに存在する。当人に「菩薩」という意識がなくても、その人の行動は明らかに菩薩行と見なしうる事例はいくらでも指摘できよう。

最近の事例では、アフガニスタンの発展に命をかけ、そしてアフガニスタンで銃弾に倒れた中村哲氏はクリスチャンではあったが、仏教的に見れば、彼はまさに「菩薩」としか言いようがない。彼の他にも、実在する人物で、菩薩のような人は私の頭に何人か浮かんでくる。彼（女）の行動は我々を勇気づけ、また怠けている我々に厳しくも優しく鞭を入れる。ヒーロー（あるいはスーパースター）としての「観音菩薩のごとき人々」が社会に必要なのは否定しないが、そのような人々だけに菩薩の仕事を任せて（あるいは「押しつけて」）よいのだろうか。

我が家では七年前に犬を飼いはじめ、朝の散歩は私が担当している。朝の六時半に起床し、一時間弱、犬と散歩をするのだが、その道中、道路や疎水沿いでゴミを拾っておられる人を見かける。おそらく誰に頼まれたわけでもなく、お金のためでもなく、ましてや地位や名誉のためでもなく、自発的に黙々と、他人が捨てたタバコの吸い殻や、パンの袋などを回収されている。想像するに、おそらくそれを誰かに自慢するのでもないだろう。さらに散歩を続けると、別の場所で別の人が袋を手にして川に入り、一つ一つゴミを回収されている。

このような人々には「自分は菩薩だ」という意識すらないだろうが、私の目には確実に「菩薩」に映る。「名もなき菩薩」だ。京都市の一部でこうであるから、日本全国や世界に目を転じれば、何百何千という名もなき菩薩が地球のどこかで人知れず活動し、そのような人々のお陰で我々は快適な生活を享受できている。持って生まれた人の能力はさまざまだ。組織の長として皆に知られ、リーダーシップを発揮して社会に貢献する人がいれば、人知れず、ひっそりと、しかし着実に社会に貢献している人もいる。それぞれに価値があり、どちらが「優れている／劣っている」と評価すべきことではない。

現代のような閉塞した時代、人々はヒーローの出現を求める。しかし、それはすべての責任をヒーローに丸投げする責任転嫁の姿勢であり、これでは本当の意味で閉塞感を打破することはできない。一人のヒーロー（向下の菩薩）の出現を希求する前に、我々一人一人が名もなき凡夫の菩薩として菩薩道を実践する方が重要ではないか。世界の人々が全員、自分の能力や資質に応じて菩薩行を実践し、大きな光や小さな光で各自、世界の〝一隅を照らす〟ことができれば、世界はいつの日か光り輝くに違いない（本書を著したのも、私なりの「菩薩行の実践」と位置づけている）。

日本の仏教は宗派仏教であるが、これまで各宗派は蛸壷化し、相互理解を拒絶しているかに見える（若い世代の僧侶は宗派の壁を超えて活動している事例も散見するが）。各宗派にそれぞれ守るべき固有の宗義があるのはたしかだが、菩薩思想は確実に各宗派にとって「共通のプラットフォーム」になりうる。どの宗派も大乗仏教を淵源とするからだ。この菩薩思想を基盤に、我々一人一人が菩薩として活動しつつ、さらに菩薩同士が宗派を超えて連携をはかれば、その活動は相乗効果を生むだろう。ここに「日本版エンゲイジド・ブディズム」の可能性を見いだしたい。

菩薩思想を突破口（breakthrough）として各宗派が脱皮し、宗派間の壁を打破することを期待しつつ、擱筆する。

おわりに

「ありそうで、なかった本」になったのではないか。最初にこの企画を春秋社の佐藤清靖氏からいただいたとき、虚を突かれた思いがした。日本は仏教国であり、平安時代以降に誕生した宗派仏教がその主流を占めている。そしてその宗派仏教はいずれもインドの大乗仏教に端を発するから、菩薩思想が重要なのは言を俟たない。にもかかわらず、一般の読者を対象にした菩薩の体系的な解説書は、管見のおよぶかぎり存在しない。というわけで、平易な菩薩思想の概説書に挑戦した。その目的が達成されているかどうかは読者の判断に委ねるしかないが、私自身、納得はしている。

その理由は、この書を著すことで、自分なりに菩薩思想を体系的に整理できたからだ。浄土宗の寺院に生まれ、浄土宗僧侶の資格を得て仏教研究の道に進み、京都文教大学に入職したが、本学の建学の理念は「四弘誓願」であるから、毎日、菩薩を意識する環境に身を置いてきたことになる。その結果、断片的に菩薩思想のあれやこれやを聞きかじってはきたが、さて「菩薩とは?」と改めて自問自答したとき、菩薩の全体像については体系的に整理できていないことに気づかされた。そんなときに佐藤氏からいただいた企画。渡りに舟とはこのことで、これを機に建学の理念でもある菩薩思想についてまとめてみようと、ごく自然に思えた。

断片的にはわかっているつもりだった菩薩思想を丹念に一つ一つをまとめていく作業は、月並みな言い方になるが、非常に勉強になったし、まとめていく中で新たに気づかされたこともたくさんあった。本書は純粋な研究書ではないが、この新たな〝気づき〟こそが自分の考えを言語化する作業の醍醐味である。このような仕事に関わっていられることに、大きな幸せを感じる。

さて、脱稿後の素直な感想は、「菩薩はつらいよ！」だ。崇高な目標に向かって、ひたすら努力を重ねる菩薩の姿は雄々しくてカッコイイのだが、菩薩でいつづけることは辛い（に違いない）。観音菩薩や地蔵菩薩など向下の菩薩は架空の存在であり、歴史的な人物ではないことは百も承知だが、それでもそれを我が身に置き換えたとき、何とも切なく辛い気持ちになる。自らの喜びのためでもあるが、他者になり代わって苦を引き受け（代受苦）、それでいて何事もなかったかのように微笑んでいられる菩薩とは一体、何者か。

しかし「自分には無理！」と諦めるのではなく、「無理かもしれないけれど、少しでも近づきたい！」と思うべきなのだろう。理想と空想は違う。空想は妄想であり、今の自分にいかなる影響力も持たないが、理想は現在の自己を相対化し、向上させる力を持っている。本書で使った用語でいえば、我々の心に潜む自性清浄心に訴えかけ、仏性（仏になる可能性）を目覚めさせる力を持つのが「理想」ではないだろうか。

所詮、我々の大半は、菩薩であるとしても「凡夫の菩薩」でしかない。だが、自分なりのペースで、ゆっくりと、しかし確実に、理想を忘れず菩薩道を歩むことが大切だ。日本仏教再生の鍵は、僧侶はもちろん、人々がどれだけ菩薩道を実践するかにかかっている。私が大学で教鞭を執り、仏教の講義をするのも、単に仏教の教えを学生に伝えるためではなく、一人でも多くの菩薩を輩出し、この世界を浄土に変える使命を果たすためだと思っている。本書を著したのも、菩薩思想の全体像を概説するに留まらず、一人でも多くの読者が菩薩という生き方に共感共鳴し、菩薩の道に進まれることを望んでのことだ。そのような解説書になっているといいのだが。

今回は二〇一八年に出版した『浄土思想史講義——聖典解釈の歴史をひもとく』に続き、二年ぶりに春秋社からの出版となった。本書を著す契機となったのは、すでに書いたように、佐藤氏のお誘いによる。素晴らしい企画を提案してくださったことに対し、衷心より謝意を表したい。また本書を担当してくださった編集部の水野柊平氏にも御礼申し上げる。

二〇二〇年　五月二五日（コロナ渦の中、京都文教学園の創立記念日に）

平岡　聡

引用文献ならびに主要参考文献

阿満　利麿　2003.『社会をつくる仏教：エンゲイジド・ブッディズム』人文書院.
飯沼　賢司　2014.『八幡神とはなにか』KADOKAWA.
石川　海淨　1952.「菩薩思想の源流に就いて」『印度学仏教学研究』1-1, 146-152.
石濱裕美子　2010.「特論　ダライ・ラマ十四世」（沖本（編）[2010: 381-450]）.
今枝　由郎（監訳）2015.『チベット仏教王伝：ソンツェン・ガンポ物語』岩波書店.
彌永　信美　2002.『観音変容譚：仏教神話学Ⅱ』法藏館.
岩本　裕（訳）1974.『仏教聖典選　第六巻　大乗経典（四）』読売新聞社.
鵜飼　秀徳　2015.『寺院消滅：失われる「地方」と「宗教」』日経ＢＰ社.
氏家　覚勝　2017a.『陀羅尼の世界（新装版）』東方出版.
――――　2017b.『陀羅尼思想の研究（新装版）』東方出版.
瓜生津隆真　2004.『龍樹：空の論理と菩薩の道』大法輪閣.
岳山　新　2005.『菩薩の願い：大乗仏教のめざすもの』ＮＨＫ出版.
沖本　克己　1981.「大乗戒」（平川（編）[1981: 183-221]）.
――――（編）2010.『須弥山の仏教世界（新アジア仏教史09　チベット）』佼成出版社.

小野田俊蔵 1994.「ネパール・チベットにおける観音信仰」『月刊しにか』10月号、40-41.
―― 1995.「はしごを降りてくる弥勒：チベットの弥勒信仰」『月刊しにか』10月号、48-53.
香川孝雄 1984.『無量寿経の諸本対照研究』永田文昌堂.
―― 1989.「四弘誓願の源流」『印度学仏教学研究』38-1, 294-302.
梶山雄一（訳）1974.『大乗仏典2 八千頌般若経 I』中央公論社.
――（訳）1975.『大乗仏典3 八千頌般若経 II』中央公論社.
―― 2012.『般若の思想（梶山雄一著作集第2巻）』春秋社.
勝本華蓮 2011.「菩薩と菩薩信仰」（高崎（監）[2011b: 167-204]）.
―― 2012.「パーリ仏教における菩薩の語義：ブッダゴーサ註釈と復註文献との異同」『仏教研究』40, 183-200.
門屋温 2010.「神仏習合の形成」（末木 [2010: 251-296]）.
金岡秀友（編）1988.『大乗菩薩の世界』佼成出版社.
金岡照光 1988.「弥勒菩薩：中国における変容」（金岡（編）[1988: 113-134]）.
菊地章太 2003.『弥勒信仰のアジア（あじあブックス051）』大修館書店.
木越康 2016.『ボランティアは親鸞の教えに反するのか：他力理解の相克』法藏館.
君野隆久 2019.『捨身の仏教：日本における菩薩本生譚』KADOKAWA.
三枝充悳 1971.『般若経の真理』春秋社.
―― 1981.「概説：ボサツ、ハラミツ」（平川 [1981: 89-152]）.

――――1990.『仏教入門』岩波書店.
佐久間留理子 2015.『観音菩薩：変幻自在な姿をとる救済者』春秋社.
桜部　建（訳）1980.『大乗仏典9：宝積部経典』中央公論社.
佐々木　閑 2000.『インド仏教変移論：なぜ仏教は多様化したのか』大蔵出版.
齊藤　隆信 2017.『円頓戒講説』佛教大学齊藤隆信研究室.
佐藤　直実 2008.『蔵漢訳『阿閦仏国経』研究』山喜房仏書林.
佐藤　弘夫 2006.『起請文の精神史：中世世界の神と仏』講談社.
佐野　誠子 2015.「陸杲『繋観世音応験記』訳注稿（一）」『名古屋大学中国語学文学論集』29, 65–116.
――――2017.「陸杲『繋観世音応験記』訳注稿（二）」『名古屋大学中国語学文学論集』30, 147–223.
――――2018.「陸杲『繋観世音応験記』訳注稿（三）」『名古屋大学中国語学文学論集』31, 1–58.
澤田　瑞穂 1975.『佛教と中国文学』国書刊行会.
静谷　正雄 1974.『初期大乗仏教の成立過程』百華苑.
下泉　全暁 2015.『地蔵菩薩：地獄を救う路傍のほとけ』春秋社.
下田　正弘 1997.『涅槃経の研究：大乗経典の研究方法試論』春秋社.
――――2004.「菩薩の仏教：ジャン・ナティエ著『ア・フュー・グッド・メン』に寄せて」

『法華文化研究』30, 1-18.
――――2011.「経典研究の展開からみた大乗仏教」(高崎(監)[2011a: 39-71]).
末木文美士(編) 2010.『日本仏教の礎(新アジア仏教史11 日本I)』佼成出版社.
杉本卓洲 1993.『菩薩:ジャータカからの探求(サーラ叢書29)』平楽寺書店.
高崎直道(監) 2011a.『大乗仏教とは何か(シリーズ大乗仏教1)』春秋社.
――――(監) 2011b.『大乗仏教の実践(シリーズ大乗仏教3)』春秋社.
高田 修 1967.『仏像の起源』岩波書店.
武内紹晃 1981.「仏陀観の変遷」/(平川(編)[1981: 153-181]).
竹村牧男 2015.『日本仏教 思想のあゆみ』講談社.
立川武蔵 2015.『弥勒の来た道』NHK出版.
塚本善隆 1955.「近世シナ大衆の女身観音信仰」『印度学仏教学論叢(山口益博士還暦記念)』法蔵館、262-280.
逵 日出典 2007.『八幡神と神仏習合』講談社.
長尾雅人 1967.『世界の名著2:大乗仏典』中央公論社.
――――2001.『仏教の源流:インド』中央公論新社.
中村 元 1981.『仏教語大辞典』東京書籍.
並川孝儀 2005.『ゴータマ・ブッダ考』大蔵出版.
西 義雄(編) 1968.『大乗菩薩道の研究』平楽寺書店.

林　純教（訳）1994.『蔵文和訳・般舟三昧経』大東出版社.

速水　侑　2019.『菩薩：由来と信仰の歴史』講談社.

干潟　龍祥　1978.『本生経類の思想史的研究（改訂増補）』山喜房仏書林.

干潟龍祥・高原信一　1990.『ジャータカ・マーラー〈本生談の花鬘〉（インド古典叢書）』講談社.

平岡　聡　1986.「Attasammāpaṇidhi 考」『印度学仏教学研究』35-1, 94-96.

——　2002.『説話の考古学：インド仏教説話に秘められた思想』大蔵出版.

——　2006.「独覚のアンビヴァレンス：有部系説話文献を中心として」『仏教研究』34, 133-171.

——（訳）2007a/b.『ブッダが謎解く三世の物語：『ディヴィヤ・アヴァダーナ』全訳（全二巻）』大蔵出版.

——（訳）2010a/b.『ブッダの大いなる物語：梵文『マハーヴァストゥ』全訳（全二巻）』大蔵出版.

——　2012.『法華経成立の新解釈：仏伝として法華経を読み解く』大蔵出版.

——　2015.『大乗経典の誕生：仏伝の再解釈でよみがえるブッダ』筑摩書房.

——　2016.『〈業〉とは何か：行為と道徳の仏教思想史』筑摩書房.

——　2018a.『浄土思想史講義：聖典解釈の歴史をひもとく』春秋社.

——　2018b.『浄土思想入門：古代インドから現代日本まで』KADOKAWA.

——　2019a.『南無阿弥陀仏と南無妙法蓮華経』新潮社.

―― 2019b. 『法然と大乗仏教』法藏館.
平川 彰（編）1981. 『大乗仏教とは何か（講座・大乗仏教1）』春秋社.
―― 1983. 「大乗仏教における法華経の位置」（平川（編）[1983: 1–45]）.
――（編）1983. 『法華思想（講座・大乗仏教4）』春秋社.
―― 1989. 『初期大乗仏教の研究Ⅰ（平川彰著作集第3巻）』春秋社.
―― 1990. 『初期大乗仏教の研究Ⅱ（平川彰著作集第4巻）』春秋社.
藤田宏達 1970. 『原始浄土思想の研究』岩波書店.
―― 2007. 『浄土三部経の研究』岩波書店.
船山 徹 2011. 「大乗戒：インドから中国へ」（高崎（監）[2011b: 205–240]）.
―― 2020. 『菩薩として生きる（シリーズ実践仏教Ⅰ）』臨川書店.
古山健一 1997. 「パーリ十波羅蜜について」『駒澤大学大学院仏教学研究会年報』30, 81–103.
町田順文 1980. 「シビジャータカについて」『印度学仏教学研究』28–2, 128–129.
水野弘元 1972. 『仏教要語の基礎知識』春秋社.
水野荘平 2009. 「五十二位の菩薩階位説の成立について」『印度学仏教学研究』57–2, 775–780.
宮治 昭 1996. 『ガンダーラ　仏の不思議』講談社.
―― 2010. 『インド仏教美術史論』中央公論美術出版.
宮本正尊（編）1954. 『大乗仏教の成立史的研究』三省堂出版.
森 祖道 2015. 『スリランカの大乗仏教：文献・碑文・美術による解明』大蔵出版.

森　雅秀　2006.『仏のイメージを読む：マンダラと浄土の仏たち』大法輪閣.
―――　2017.『仏教の女神たち』春秋社.
矢崎　正見　1988.「チベットにおける菩薩信仰：ダライの観音化身思想を中心として」（金岡（編）[1988: 295-309]）.
山田　龍城　1959.『大乗仏教成立論序説』平楽寺書店.
渡辺　章悟　2018.「大乗仏典の伝承者：dharmabhāṇaka（説法師）の位置づけ」『国際哲学研究』7, 63-79.

Har Dayal, L. 1932. *The Bodhisattva Doctrine in Buddhist Sanskrit Literature*, London.
Harrison, P. 1990. *The Samādhi of Direct Encounter with the Buddhas of the Present: An Annotated English Translation of the Tibetan Version of the Pratyutpanna-Buddha-Saṃmukhāvasthita-Samādhi-Sūtra* (Studia Philologica Buddhica Monograph Series V), Tokyo.
Nattier, J. 2003. *A Few Good Men: The Bodhisattva Path according to the Inquiry of Ugra* (*Ugraparipṛcchā*), Honolulu.
Schopen, G. 1975. "The Phrase 'sa pṛthivīpradeśa caityabhūto bhavet' in the Vajracchedikā: Notes on the Cult of the Book in Mahāyāna," *Indo-Iranian Journal* 17, 147-181.
Silk, J. 1994. *The Origins and Early History of the Mahāratnakūṭa Tradition of Mahāyāna Bud-*

dhism, With a Study of the Ratnarāśisūtra and Related Materials (Dissertation: Univ. of Michigan).
Strong, J. 2001. *The Buddha: A Short Biography*, Oxford.

著者略歴

平岡　聡（ひらおか　さとし）

1960（昭和35）年、京都市生まれ。佛教大学卒、同大学院博士後期課程満期退学。ミシガン大学アジア言語文化学科留学（1987〜1989）。京都文教大学教授を経て、現在、京都文教大学・短期大学学長、京都文教学園学園長。博士（文学）。著書に『法華経成立の新解釈』（大蔵出版）、『大乗経典の誕生』（筑摩書房）、『ブッダと法然』（新潮社）、『〈業〉とは何か』（筑摩書房）、『浄土思想史講義——聖典解釈の歴史をひもとく』（春秋社）などがある。

菩薩とはなにか

二〇二〇年七月二十日　第一刷発行

著　者　平岡　聡

発行者　神田　明

発行所　株式会社　春秋社

東京都千代田区外神田二—一八—六（〒一〇一—〇〇二一）

電話〇三—三二五五—九六一一　振替〇〇一八〇—六—二四八六一

https://www.shunjusha.co.jp/

印刷所　株式会社　太平印刷社

製本所　ナショナル製本協同組合

装　丁　伊藤滋章

定価はカバー等に表示してあります

ISBN978-4-393-13300-2

浄土思想史講義

聖典解釈の歴史をひもとく

平岡　聡

インドの龍樹・世親から中国の曇鸞・道綽・善導、そして法然・親鸞まで。「聖典解釈による仏教変容」をテーマに、「浄土教の思想史」を語る画期的論考。

2200円

▼価格は税別。